JOSEPH STRAUSS

WIENER THEMEN

FRANZ MAILER

JOSEPH STRAUSS

GENIE WIDER WILLEN

Jugend und Volk Wien München

Abbildung auf dem Einband:
„Im Sperlgarten“, Aquarell von Karl Josef Zajicek

ISBN 3-7141-6066-3 Jugend und Volk Wien
ISBN 3-8113-6066-3 Jugend und Volk München
Einbandgestaltung: Haimo Lauth
 4261-77/1/30
Druck: Gutenberg, Wiener Neustadt

Joseph Strauß
Ölbild eines unbekannten Malers, 1865

I

TÄUBERLN

Als Joseph Strauß am 20. August 1827 im stattlichen „bürgerl. Wohnhaus No. 39" in der Wiener Vorstadt Mariahilf (heute Mariahilfer Straße 65) geboren wurde, war die kleine, enge Welt seiner Eltern endlich so einigermaßen im Lot. Die Ehe der Gastwirtstochter Maria Anna Streim und des Geigers Johann Baptist Strauß leitete sich ja von einer jähen Leidenschaft her, die das hübsche Mädchen aus wohlhabender Familie im Fasching des Jahres 1825 in die Arme und dann auch gleich ins Bett des unbekümmert in Armut vor sich hin lebenden Musikanten getrieben hatte. Strauß war Vollwaise und mußte neben seiner Tätigkeit in der damals kleinen Kapelle seines Freundes Joseph Lanner Unterricht geben, um ohne Entbehrungen durchzukommen. Im Sommer 1825 wollte er zu einer Kunstreise „nach Gratz und in die kayserlichen Staaten" aufbrechen, „Verdienst zu suchen". Aber als er mit diesen Angaben um einen Reisepaß einkam, hielt ihn Anna Streim zurück. Sie wußte sich schwanger und wollte so bald wie möglich heiraten.

Der um drei Jahre jüngere Strauß fügte sich. Sein Vormund ließ prompt das Aufgebot bestellen. Am 11. Juli 1825 fand in der hellen, freundlichen Lichtentaler Pfarrkirche die Hochzeit statt. Im winkeligen Häuschen „Zur Eule" im Vorort St. Ulrich bezog das junge Paar eine erste, einfache Heimstatt, und dort kam am 25. Oktober 1825 das erwartete Kind zur Welt, ein Sohn. Er wurde auf den Namen Johann Baptist getauft, wie sein Vater.

Die hastig geschlossene Ehe ließ sich besser als erwartet an. Anna Strauß brauchte nicht „durch das Erträgnis weiblicher Handarbeit zum Unterhalt beizutragen", wie es Johanns Vormund zur Bekräftigung des Heiratsgesuchs hatte versprechen müssen. Strauß trennte sich am 1. September von seinem Freund und Prinzipal Lanner – wobei Krach, Trennung und auch gleich Versöhnung auf Biedermeierart mit einem Walzer (von Lanner) künstlerisch zelebriert wurden! – und organisierte eine eigene Kapelle. Im mauerumgürteten Wien und in den rasch wachsenden Vorstädten fanden sich genügend Gastwirte und Etablissementbesitzer, die bereit waren, den „Mohrenschädel" Strauß oder das „Flachsköpferl" Lanner in ihren Sälen und Gärten konzertieren oder zum Tanz aufspielen zu lassen, sodaß beide ihr Auskommen fanden.

Einem dieser Wirte, Michael Deiß, und seinem Gasthaus „Zu den zwey Tauben" im gräflich Traunschen Palais am Heumarkt widmete Vater Strauß sein Opus 1, die Walzerpartie „Täuberln". Als der temperamentsprühende junge Musikdirektor diesen anmutigen, noch ganz locker und ohne strenge Form zur Einheit verbundenen Melodienreigen, der nicht viel mehr bot als einige kurze Motive, unter stürmischem Beifall sogleich wiederholen und dann immer aufs neue aufspielen mußte, da spürte er, daß er einen ersten und gleich entscheidenden Erfolg erzielt hatte. Im November 1827 präsentierte Strauß im Gasthaus „Zur Kettenbrücke" – es befand sich an der Donaustraße unmittelbar neben dem alten Dianabad – ein weiteres Werk: die ebenfalls vielbejubelten „Kettenbrücke-Walzer". Damit war er in der Gunst der Wiener endgültig neben Joseph Lanner etabliert. Ein „Walzerwettstreit" begann, der erst mit dem frühen Tod Lanners im Jahre 1843 – unentschieden und unentscheidbar – enden sollte.

Die Hochstimmung der ersten Triumphe beflügelte auch den Alltag der Familie Strauß. Sie übersiedelte nach Mariahilf in eine geräumigere Wohnung: Dort war es dem von der ersten Stunde seines Wirkens in der Öffentlichkeit an nervösen, aufbrausenden und oftmals herrisch auftrumpfenden Musikdirektor möglich, seine Einfälle zu Hause zu erproben und sorgfältig auszuarbeiten. Dabei begleitete ihn seine Frau, die ein angeborenes Musiziertalent besaß, mit einfachen Akkorden auf ihrer Gitarre, die übrigens – so wollte es die Überlieferung der Streims wissen – ein Erbstück geheimnisumwitterter Vorfahren aus spanischem Adel war.

In diesen Augenblick der Idylle wurde Joseph hineingeboren. Die Mutter hatte Muße, sich ihres zweiten Kindes mit besonderer Sorgfalt anzunehmen. Die Behutsamkeit war auch notwendig, denn der kleine „Pepi" ließ von frühester Kindheit an erste Symptome eines Gehirnleidens erkennen, das zeitweilig auf das Rückenmark überzugreifen schien. Die Ärzte waren ratlos; später sprachen sie unbestimmt von Nervendepressionen" und rieten zu möglichster Schonung und zu einer Tätigkeit in frischer Luft. Vorerst schien freilich kein Grund zu ernster Besorgnis zu bestehen: Pepi entwickelte sich normal; er war nur stiller und zurückhaltender als der gleich seinem Vater bis zur Hysterie nervöse und in seiner Ruhelosigkeit auf immer neue Streiche bedachte ältere Bruder „Schani".

Spätestens im Herbst 1829 war die Zeit des einigermaßen

behaglichen, spannungsfreien Lebens der Familie Strauß jedoch ein für allemal und unwiderruflich zu Ende. (Sie war indessen zweimal umgezogen und bereitete sich auf eine weitere Übersiedlung ins unmittelbar am Donauufer gelegene Haus „Zum weißen Wolf" vor). Vater Strauß wurde Musikdirektor im interessantesten Etablissement Wiens, im Gasthaus „Zum Sperl" in der Leopoldstadt, das mit seinem eleganten Tanzsaal und dem herrlichen Garten damals als das bevorzugte Zentrum des fröhlichen Lebens der bürgerlichen Gesellschaft galt.

Diese Berufung bedeutete für den Kapellmeister und „Compositeur" nicht nur vermehrte Arbeit und erhöhte Anspannung, sondern ermutigte Strauß geradezu, die fällige Reform des wienerischen Musiklebens energisch voranzutreiben. Im Gegensatz zu seinem Freund und nunmehrigen Konkurrenten Joseph Lanner war Vater Strauß kein „Biedermeier", der das Erreichte zufrieden auszukosten suchte und sein Ideal in der Vollendung des Bestehenden sah. Ihn trieb jener dämonische Unternehmungsgeist vorwärts, der ja ebenfalls für die Epoche nach den napoleonischen Kriegen und dem „Wiener Kongreß" (1814/1815) typisch war: überall in Europa wurden damals Fabriken erbaut und Massenproduktionen organisiert; man konstruierte Maschinen und überzog den Kontinent mit einem Netz von Eisenbahnlinien. Mit frappierender Selbstverständlichkeit hat gerade Johann Strauß die Möglichkeiten des neuen, gerade erst in seinen Grundzügen sich abzeichnenden industriellen Zeitalters erkannt und sie mit konsequenter Energie zu nutzen begonnen.

Strauß-Vater duldete nicht, daß seine Musiker während eines Konzerts mit dem Notenblatt in der Hand im Publikum absammeln gingen, wie er selbst es bei Lanner

Jeans Geburtshaus (heute Lerchenfelder Straße 15)

hatte tun müssen. Er setzte einen Kassier an die Eingänge der Gasthäuser oder der Gärten, in denen er aufspielte, und forderte ein paar Kreuzer Entrée. Das war gewiß ein bescheidenes Entgelt für ein Konzert, das außer Tanzweisen auch Opernausschnitte und sogar populäre symphonische Werke in ausgezeichneten Wiedergaben bot. Aber durch Kassier und Entgelt distanzierte sich Strauß von den Harfenisten und den Heurigenmusikanten.

Strauß bestand ferner darauf, jeder seiner Kompositionen einen Titel zu geben. Für jeden Gesellschaftsball, für jedes seiner mit spektakulärem Aufwand arrangierten Feste mußten „Widmungen" verfaßt und auf möglichst auffällige Weise uraufgeführt werden. Dadurch konnte das Publikum die einzelnen Werke später identifizieren und wurde, sobald sie im Druck erschienen waren, zum Kauf der Noten angeregt. Sich selbst aber zwang Strauß – da ja im Fasching die Bälle und im Sommer die Feste rasch aufeinander folgten –, zur Serienproduktion immer neuer Widmungen.

Strauß-Vater erkannte auch die Möglichkeiten der

Reklame und nützte sie mit bedenkenloser Folgerichtigkeit für seine Konzerte und Feste sowie für seine im Druck erscheinenden Kompositionen aus. Dabei fand er in seinem Verleger Tobias Haslinger einen gleichgesinnten Partner. Den Redakteuren der Wiener Journale gegenüber hatte Strauß stets eine offene Hand. Die ihn alsbald überschwenglich preisenden Artikel und Notizen zum Beispiel der „Theaterzeitung“ waren das Ergebnis dieser Praktiken.

Es ist verständlich, daß man angesichts dieser Entwicklung im Hause Strauß alsbald vom „Walzergeschäft“ zu reden begann. Wie unbedenklich dabei auch die Produktion von Tanzkompositionen schematisiert wurde, hat später, viel später Johann Strauß-Sohn unwillkürlich einbekannt, als er im Jahre 1887 in der Vorrede zur Gesamtausgabe der Werke seines Vaters ausführte:

„*Wir Alten kündigten häufig eine Walzerparthie für einen bestimmten Abend an, von welcher am Morgen desselben Tages noch keine Note vorhanden war. In einem solchen Falle erschien zumeist das Orchester in der Wohnung des Compositeurs. Sobald dieser einen Theil fertiggestellt hatte, wurde dieser vom Personale für das Orchester hergerichtet, copiert etc. – Nach einigen Stunden war das Musikstück fertig, wurde durchprobiert und am Abend vor einem in der Regel enthusiastischen Publicum aufgeführt.*“

Ähnliche Schilderungen gibt es auch von Zeitgenossen Strauß-Vaters. „Das Personale“ war also durchaus imstande, die Produkte nach einem bestehenden Schema „herzurichten“. Vom Komponisten wurde im Grunde nur eines verlangt: es mußte ihm etwas „einfallen“. Denn gerade bei einer solchen Serienfertigung entschied ausschließlich die Qualität dieser Einfälle über den Erfolg!

Nun – an genialen Einfällen hat es weder Strauß-Vater noch seinem Konkurrenten Joseph Lanner jemals gefehlt. Beide schufen im Wechselspiel ihrer kontrastierenden Begabungen eine Tanz- und Unterhaltungsmusik, die sich in schönster Übereinstimmung mit dem Lebensgefühl der Menschen befand, deren Alltag sie begleitete und deren Feste sie beflügelte. Dennoch ist die wichtige und auffällige Rolle, die Strauß und Lanner im Wiener Leben vor allem der dreißiger Jahre zu spielen vermochten, nur aus der Besonderheit der damaligen politischen Situation heraus zu verstehen. Kaiser Franz I. und sein Staatskanzler Clemens Fürst Metternich wünschten, die Völker der Donaumonarchie, und vor allem natürlich die Bewohner der Reichs-Haupt- und Residenzstadt Wien, „im Ruhestand“ zu erhalten. Da war es besser, wenn die Leute darüber debattierten, ob der eine der beiden Freunde und Konkurrenten die zündenderen, mitreißenderen und anmutigeren Walzer komponierte oder der andere, statt sich mit den – wie Kaiser Franz abfällig sich hören ließ – „nutzlosen Freiheitsideen der ohnedies schon vergessenen Pariser Revolution“ zu beschäftigen. Fürst Metternich ermutigte die Journale daher, derlei Themen recht ausführlich zu behandeln. Die Zensur unterband dafür das „leidige Politisieren“, das Metternich immer wieder rügte und bekämpfte.

Als Kaiser Franz im Jahre 1835 starb und sein ältester Sohn Ferdinand, genannt „Der Gütige“, auf den Thron gelangte, obwohl er schwer an Epilepsie litt (und von den Wienern daher respektlos „Gütinand, der Fertige“ genannt wurde), erhob man die „These vom Ruhestand“ geradezu zur Staatsraison. Fürst Metternich hatte daher ganz und gar nichts dagegen, daß man in dieser Sphäre der bewußten Übertreibung des Unwichtigen, wenn auch Angenehmen, schließlich sowohl Strauß als auch Lanner zu „Walzerkönigen“ proklamierte. Beide haben sich übrigens dieses Titels durchaus als würdig erwiesen, denn bei Lanners Tod hatte der „Wiener Walzer“ seine endgültige Form bereits erhalten. Sowohl Lanners „Schönbrunner“ (1842) als auch Strauß-Vaters „Loreley-Rheinklänge“ (1843) sind vollendete Kunstwerke.

Strauß-Vater begnügte sich nicht damit, in Wien anerkannt zu sein. Er nahm daher im Jahre 1833 seine Reisepläne wieder auf, die er seiner Heirat wegen hatte zurückstellen müssen. Zunächst besuchte er mit seinem Orchester die Schwesterstadt Wiens an der Donau, Pest. Im folgenden Herbst aber zog es ihn nach Berlin; auf der Rückreise konzertierte er in Leipzig, Dresden und Prag. Doch je freier sich seine dynamische Persönlichkeit entfaltete, desto entschiedener löste er sich aus der Sphäre seiner Familie. Zunächst hatte Mutter Anna als tüchtige Geschäftsfrau mit ihrem Gatten Schritt zu halten versucht. Als ein Hochwasser der Donau, das von einem gewaltigen Eisstoß verursacht worden war, die Familie aus dem Haus „Zum weißen Wolf“ vertrieb, meisterte sie den Umzug mit ruhiger Gelassenheit, obwohl sie kurz vorher als drittes Kind das Mädchen Anna zur Welt gebracht hatte. Als sich später im weitläufigen Haus „Zum goldenen Hirschen“ in der Leopoldstadt endlich ein ideales Quartier fand, richtete sie dort für die indessen um die Tochter Therese und den Sohn Ferdinand – der allerdings bald wieder starb – vergrößerte Familie eine so geräumige Wohnung ein, daß fortan selbst Proben der Kapelle darin abgehalten werden konnten.

Trotzdem mußte Anna Strauß erkennen, daß ihr Mann sich immer auffälliger von ihr und den Kindern absonderte. Zunächst hieß es, er beteilige sich häufig bis in die Morgenstunden hinein am Glücksspiel, um seine erregten Nerven nach dem anstrengenden Dienst zu entspannen – und tatsächlich wurde Strauß später wegen dieses damals hart geahndeten Vergehens einmal bestraft. Dann aber war von einem „Gspusi" des Herrn Musikdirektors die Rede. Strauß leugnete hartnäckig, und seine Frau glaubte ihm umso bereitwilliger, als sie abermals ein Kind erwartete. Doch als am 15. März 1835 ihr letzter Sohn, Eduard, zur Welt kam, hatte Anna Strauß bereits Gewißheit, daß sie belogen worden war. Strauß war, nach einigen Abenteuern, mit der etwa zwanzigjährigen Modistin Emilie Trampusch ein festes Liebesverhältnis eingegangen. Es traf die stolze Frau besonders schwer, daß das erste Kind „dieser Trampusch", ein Mädchen, nur zwei Monate nach ihrem Edi geboren wurde.

Ganz Wien hielt übrigens damals zu Vater Strauß. Obwohl er seine Verbindung mit der molligen, nicht eben intelligenten, aber sanftmütigen Emilie keineswegs geheim hielt und auch die Vaterschaft der sieben Kinder, die in regelmäßigen Abständen, das letzte im Jahre 1844, zur Welt kamen, stets bereitwillig anerkannte, sagte sich keiner seiner Freunde von ihm los, und selbst am sonst so prüden Kaiserhof billigte man ihm zu, daß seine nun als „übereilt" bezeichnete Ehe für ihn zur Fessel geworden sei. Auch Anna Strauß fand sich schließlich damit ab, daß ihr Mann weiterhin im Hirschenhaus wohnte, wenn auch in einem gesonderten Appartement, und daß er die väterliche Gewalt über die Kinder behielt.

Es war ein Waffenstillstand – und bald schien alles applaniert zu sein. Aber der damals zehnjährige, ohnedies frühreife Schani erlebte die Vorgänge in der Familie als Katastrophe: Er spürte das Leid der Mutter und ergriff mit der ganzen Leidenschaftlichkeit seines Wesens für sie Partei, obwohl der Vater stets sein Idol gewesen war und es als Musiker auch weiterhin blieb. Immer schon war er entschlossen gewesen, ebenfalls Musikdirektor zu werden. Nun schwor er sich, den Vater dereinst unbedingt zu übertreffen! Das war er der Mutter schuldig! – Anna Strauß erriet die Gedanken und Gefühle ihres Ältesten; sie hat ihm seine Haltung zeitlebens nie vergessen.

Joseph, weit mehr als sein Bruder in die eigene Welt eingesponnen, hielt sich im Hintergrund. Auch er war seiner Mutter mit scheuer Zärtlichkeit zugetan und vergalt ihr damit ihre behutsame Pflege. Aber gerade deshalb fehlte ihm die starke Bindung an den Vater. So war ihm nun vor allem daran gelegen, ein guter Schüler zu sein und aus der landesfürstlichen Schule in der Leopoldstadt, später aus dem berühmten „Schottengymnasium" gute Zensuren nach Hause zu bringen. Das hielt die Zukunft offen.

II

FREIHEITSLIEDER

Joh. Strauss-Sohn Op. 52

Auch als „Bettgeher der Trampusch" – wie Josephine Streim, die gestrenge und doch allseits beliebte „Pepi-Tante", ihren Schwager verächtlich nannte – sorgte Strauß-Vater nach Kräften für seine „rechtmäßige Familie". Dafür wollte er sich das Recht vorbehalten, selbst über die Zukunft seiner drei Buben – für die beiden Mädchen interessierte er sich kaum – zu entscheiden. Zunächst waren Anna und Johann Strauß übereinstimmend der Ansicht gewesen, keiner ihrer Söhne sollte den ebenso unsicheren wie strapaziösen Beruf eines „Walzergeigers" oder überhaupt eines Musikanten ergreifen dürfen. *„Aber"*, so erzählte Johann Strauß-Sohn später mit schmunzelndem Behagen, *„wir hatten die Liebe zur Musik von unseren Eltern ererbt. Das ließ sich einfach nicht halten."* In einer oftmals wiederholten Schilderung präzisierte er:

„Der Vater, der ... abgesondert lebte, hatte ... selten eine Ahnung, was in der Familie ... geschah. Nun ließ er uns zwar Unterricht im Klavier geben, mir und meinem Bruder Pepi, aber er glaubte, wir klimperten ebenso schlecht und recht wie Dilettanten. Allein wir betrieben die Sache mit Passion, und ich darf wohl sagen, wir waren beide tüchtige Klavierspieler. Davon hatte er keine Idee.

Die Proben zu seinen Konzerten wurden in der Wohnung abgehalten. Wir Buben paßten genau auf jede Note, wir lebten uns in seinen Chic ein, und zu vier Händen spielten wir dann nach, was wir erlauscht hatten: flott, ganz in seinem Geiste. Er war unser Ideal. Wir waren oft in (angesehene) Familien geladen, – und da spielten wir dann unter großem Beifall aus dem Gedächtnis die Kompositionen unseres Vaters. Eines schönen Tages gratulierte ihm ein Bekannter zu unseren Erfolgen. Er war nicht wenig erstaunt. ‚Die Buben sollen herüberkommen!', entschied er kurz. Wir schlichen, nichts Gutes ahnend, in das Zimmer unseres Vaters. In kurzen Worten setzte er uns auseinander, was er gehört hatte, und befahl uns, ihm vorzuspielen. Er hatte ein aufrecht stehendes Klavier; Pepi erklärte, auf so einem Klavier könnten wir unmöglich spielen. ‚Was', rief er uns zu, ‚darauf könnts ihr nicht spielen?! Auch gut – der Flügel aus unserer Wohnung soll her!' – Der Flügel wurde gebracht und nun spielten wir, daß es eine Art hatte. Alle Orchesterstimmen brachten wir zu Gehör. Lächelnd hörte uns der Vater zu und man sah ihm das Vergnügen und die Rührung von Gesicht ab. ‚Buben, das spielt euch niemand nach', das war alles was er sagte, aber jeder von uns bekam eine Belohnung."

Joseph Strauß bildete sich in der Folge mit dem ihm eigenen Fleiß und einer hartnäckigen Beharrlichkeit zum virtuosen Pianisten aus; Johann allerdings griff, seinem Vorsatz getreu, zu dem er indessen auch die Mutter bekehrt hatte, alsbald zur Geige. Prompt kam es zu einem Zusammenstoß mit dem Vater:

„Ich lernte auf eigene Faust Violine. Um meinen Lehrer bezahlen zu können, gab ich Klavierstunden . . . Nun sagte

mir mein Lehrer, ich müsse immer vor dem Spiegel üben, um mir eine elegante Haltung und schöne Bogenführung anzugewöhnen, denn für jemanden, der sich exponieren müsse, sei Eleganz der Erscheinung unerlässlich. Na, ich befolgte diese Lehren getreulich. Eines Tages stehe ich wieder vor dem Spiegel und geige drauf los, da thut sich die Thür auf und herein tritt mein Vater. ‚Was', schreit er, ‚Du spielst Geige?!' – Er hatte keine Ahnung davon gehabt. Durch einen Zufall kam er darauf, daß ich Berufsmusiker werden wollte. Es gab daraufhin eine heftige und recht unerquickliche Szene. Mein Vater wollte von meinen Plänen durchaus nichts wissen."

Strauß-Vater versuchte, sein Recht als Vormund durchzusetzen. Da griff ihn Anna Strauß mit äußerster Vehemenz an: sie klagte auf Ehescheidung und verlangte zugleich die Pfändung der Einkünfte ihres Gatten ausgerechnet bei Hof und bei der Wiener Stadtverwaltung! Sogar die Uniform Strauß-Vaters als Kapellmeister der Bürgergarde ließ sie unter Verschluß nehmen. Vater Strauß floh wütend aus dem Hirschenhaus; Johann Strauß-Sohn aber konnte am 15. Oktober 1844 als Kapellmeister und Compositeur bei Dommayer in Hietzing debütieren.

Das erste Auftreten des jungen Strauß in der Öffentlichkeit bedeutete für die Wiener aller Stände und Klassen eine Sensation ersten Ranges: Dommayers kleines, aber feines Casino war daher bereits überfüllt, ehe „Strauß-Sohn" zum ersten Male vor dem Publikum zur Geige griff und seine anmutigen Walzer „Gunstwerber" und „Sinngedichte" aufspielte. Jedermann wußte, daß sich der Sohn mit diesem Debut demonstrativ gegen den Vater stellte, und mit einem Male waren die Familienverhältnisse im Hause Strauß wieder Stadtgespräch. Dazu kam, daß der junge Strauß unbestreitbar den Leuten gefiel. Nach Joseph Lanners Tod

1843 hatte der Vater das Walzergeschäft in Wien souverän allein beherrscht, nun mußte er in einem Referat des Schriftstellers Franz Wiest im „Wanderer“ lesen: „*Gute Nacht, Lanner! Guten Abend, Strauß-Vater!, Guten Morgen, Strauß-Sohn!*“

Der Enthusiasmus der Wiener für den jungen Strauß hielt allerdings nicht lange an. Bald sah sich der angehende Musikdirektor auf seine wahre Bedeutung für den Unterhaltungsbetrieb in seiner Heimatstadt reduziert. Er sammelte zwar, wie das Journal „Die Geissel“ später spottete, „*einen so jugendlichen als arroganten Dunstkreis um seine Direktionssonne, daß er Dinge, die über diesem neblichten Horizont sich befinden, nicht zu bemerken schien*“, aber es konnte ihm dennoch nicht entgehen, daß abermals „ganz Wien“ für seinen Vater, als den „regierenden Walzerkönig“, und gegen ihn, den „aggressiven Sohn“, Partei ergriff. Ja – der Kaiserhof verlieh im Jahre 1846 seinem Tanzkapellmeister demonstrativ den eigens für Strauß-Vater geschaffenen Ehrentitel „Hofball-Musikdirektor“! Sehr bald fand sich der junge Strauß aus den Zentren des „Wiener Lebens“ abgedrängt und hatte außerhalb des Kreises seiner Altersgenossen nur bei den Slawengruppen in der Reichs-Haupt- und Residenzstadt, den Tschechen, Kroaten und Serben, verläßliche Anhänger. Als der schon damals „fesche Schani“ auf den Druck und die Isolierung damit reagierte, daß er sein vitales Temperament ungezügelt auszuleben begann, geriet er erst recht in Verruf. Noch zehn Jahre später trug ihm die k. k. Oberste Polizei-Behörde in einem Bericht an das k. k. Obersthofmeisteramt nach: „*Er war, seitdem er Musikdirektor geworden, ein leichtsinniger, unsittlicher und verschwenderischer Mensch.*“

Durch die zunehmende Not der fortschreitenden vierziger Jahre verlor sein Orchester die Existenzmöglichkeit in Wien und mußte sich im Herbst 1847 in eine ausgedehnte, strapazenreiche Kunstreise durch Ungarn und Siebenbürgen nach Bukarest und in die Walachei retten.

Joseph Strauß hielt sich wiederum aus allen diesen Wirrnissen heraus und entfaltete geduldig und unbeirrbar seine vielfältigen Talente. Gemeinsam mit seinem Bruder Johann hatte er im Herbst 1841 im Polytechnikum inskribiert und absolvierte im nächsten Jahr, als Johann sich endgültig für die Musikerlaufbahn entschieden hatte, in der technischen Abteilung des Instituts die Fächer Planzeichnen und Mathematik. Daneben begann er Privatunterricht im Ornament- und Landschaftszeichnen zu nehmen. Im Studienjahr 1845/1846 wählte Joseph einen Kurs im Fach Maschinenlehre und bestand die Schlußprüfung „mit dem

Ein charakteristischer Scherenschnitt des Studenten Joseph Strauß: Die schmale Brücke verbindet „Zufriedenheit“ und „Todesbereitschaft“!

Kalkül Erster Klasse". Daraufhin wurde er im August 1846 als Bauzeichner eingestellt und erhielt in seinem Zeugnis bestätigt, er habe *„solche Fortschritte an den Tag gelegt, daß er jedermann empfohlen zu werden verdient"*.

Während sich Johann Strauß-Sohn in genialer Einseitigkeit auf die intensive Arbeit mit seiner Kapelle beschränkte, ergänzte Joseph seine Studien durch eifrige Teilnahme am gerade in den Jahren 1844 bis 1847 faszinierend reichen Kulturleben Wiens. Er besuchte regelmäßig die im Jahre 1842 begründeten Philharmonischen Konzerte und die glanzvollen Feste der „Gesellschaft der Musikfreunde". Er hörte das virtuose Klavierspiel Franz Liszts und bewunderte die Musikalität Clara Schumanns. In den Theatern lernten Joseph und Eduard sowohl die Kompositionen Hector Berlioz' als auch die Produktionen gefeierter Primadonnen kennen: im Theater an der Wien traten Jenny Lind, derzuliebe Giaccomo Meyerbeer aus Paris anreiste und seine Oper „Vielka" selbst einstudierte, und die anmutige Jetty Treffz auf, im Kärntnertortheater brillierte die zierliche Anna Zerr; Albert Lortzing übersiedelte damals nach Wien und stellte seinen „Waffenschmied" vor. In der Leopoldstadt begeisterte Johann Nestroy mit seinen Wortspielen und seiner drastischen Komik, und selbstverständlich kannten die Brüder Strauß auch den jungen Franz von Suppé, dessen opernhafte Possenouvertüren beliebte Konzertstücke waren.

Trotz solcher künstlerischer Attraktionen wurde das Leben in der Donaumetropole immer schwieriger und mühseliger. Breite Schichten der Bevölkerung, vor allem die Arbeiterschaft, glitten ins Elend ab. So war der Boden für den Aufstand bereitet, der im März 1848 in Wien gegen das verhaßte „System" des Fürsten Metternich losbrach. Das Feuer der allgemeinen Begeisterung verwandelte vor allem den stillen, in sich gekehrten Studenten Pepi in einen überzeugten Revolutionär. Gewiß – auch Vater Strauß machte zunächst dem Zeitgeist einige Konzessionen, aber er bekannte sich bald wieder zur gewohnten Ordnung und bekräftigte seine Einstellung im August mit seinem berühmten „Radetzkymarsch". Auch Johann Strauß-Sohn, der mit einem (ungarischen!) „Siegesmarsch der Revolution" im Repertoire seiner Kapelle nach Wien zurückkehrte, lief einfach mit der Jugend mit und schrieb lediglich einige eher lustige als kämpferische Kompositionen: etwa die als Jux gedachte Polka „Ligourianerseufzer" und einen Hymnus übermütig-tändelnder Lebensfreude unter dem Titel „Freiheitslieder" (ursprünglich: „Barrikadenlieder"!). Nur Joseph Strauß griff entschlossen zum Gewehr und *„marschierte"*, wie in Eduards „Erinnerungen" nachzulesen ist, *„am 26. October mit der Akademischen Legion zum Tabor, wo er in die Feuerlinie des Regiments Nassau zu stehen kam"*. Als jedoch die gefürchteten Truppen des kroatischen Banus Jellačić, die „Seressaner", zum Sturm auf die Leopoldstadt antraten, räumte Pepi rasch das Schlachtfeld. Er versteckte seine Uniform im Kamin und das Gewehr hinter dem Kleiderkasten des Hirschenhauses und retirierte ins Kloster der Barmherzigen Brüder. Zu Allerheiligen wollte eine Militärpatrouille den „Studentsky" in der Wohnung aufstöbern, doch gelang es Mutter Strauß mit Hilfe von drei Silberzwanzigern Trinkgeld, die Jagd auf ihren Sohn prompt zu beenden . . .

Im Dezember sorgte sich Vater Strauß, was aus seinem mißliebig gewordenen zweiten Sohn werden mochte, und ordnete an, Joseph solle als Soldat in ein Pioniercorps eintreten. Doch Joseph lehnte kategorisch ab:

„Ich könnte mich nie und nimmer diesem Stande widmen,

umso mehr, als ich nicht dazu tauge, keine Lust habe und nie gefühlt habe ... Lassen Sie mich, wo ich bin und wer ich bin ... entreißen Sie mich nicht einem Leben, das mir mannigfache Freuden bieten kann ... Ich will nicht Menschen tödten lernen – ich will den Menschen nützen als Mensch und dem Staat als Bürger ..."

Ganz deutlich sah Joseph seinen Lebensweg vor sich: er wollte Ingenieur werden, und Baumeister. Nichts und niemand sollte ihn davon abbringen!

III

DIE ERSTEN UND LETZTEN

Am späten Nachmittag des 22. September 1849 veranstaltete der Wiener Gemeinderat im Redoutensaal der Hofburg ein angesichts der schwierigen Lage, in der die Stadt sich nach der brutalen Niederwerfung der revolutionären Bewegung befand, ungewöhnlich prunkvolles Fest zu Ehren des Feldmarschalls Radetzky: 250 Gäste nahmen an den reich gedeckten Tischen Platz, und für die Tafelmusik hatte man die Strauß-Kapelle aufgeboten. Aber der Herr Hofball-Musikdirektor war wider Erwarten nicht erschienen und auch der von ihm angekündigte neue „Radetzky-Bankett-Marsch" konnte nicht vorgetragen werden. Es kümmerte die Versammelten kaum. –

Noch am selben Abend erfuhr die Familie in der Leopoldstadt von dem Vorfall in der Hofburg. Da Strauß-Vater längst zu seiner Lebensgefährtin Emilie Trampusch in die Kumpfgasse nächst dem Stephansplatz übersiedelt war und mit seiner Frau nur noch über dritte Personen Kontakt hielt, wurden vorsichtig Erkundigungen eingezogen, warum Strauß dem Bankett ferngeblieben war. Endlich kam Nachricht: Der Herr Hofball-Musikdirektor habe sich mit Scharlach infiziert, als er mit einem seiner Kinder aus der Verbindung mit Emilie gespielt habe. Er befinde sich aber bereits auf dem Wege der Besserung. Daraufhin wollten Joseph und Edi den Vater besuchen; sie wurden aber nicht eingelassen.

Am 25. September erschien am frühen Morgen ein verstörter Mann im Hirschenhaus und berichtete atemlos, er habe erfahren, daß der Herr Hofball-Musikdirektor heute nacht plötzlich verstorben sei! Sofort machte sich Joseph Strauß wieder auf den Weg. In der Kumpfgasse fand er die Türe offen und die Wohnung, die augenscheinlich von Emilie und ihren Kindern in höchster Eile verlassen worden war, verwüstet; die Kästen standen offen, die Laden der Kommoden waren herausgezogen – und im gespenstischen Licht des neuen Tages sah Pepi schließlich auch die Leiche seines Vaters. Der Arzt war bereits gerufen worden, er kam und trug ins Totenbeschau-Protokoll ein: gestorben *„an Übersetzung des Scharlachs auf das Gehirn“*, 45 Jahre alt. Dann ließ das Gericht die Wohnung versiegeln. Die Bestandsaufnahme widerlegte später alle Behauptungen, Emilie Trampusch habe die Räume völlig ausgeräumt und den Leichnam ihres Gefährten nackt und bloß darin zurückgelassen. Trotzdem wurde die böswillige Verleumdung immer aufs neue wiederholt.

Joseph Strauß kehrte so rasch wie möglich ins Hirschenhaus zurück und berichtete. Sofort rissen Johann und die Mutter die Initiative an sich: Der Tote gehörte nun wieder der „rechtsmäßigen Familie“! Mutter Anna ließ die Trauerkunde in alle Journale einrücken, und da das Leichenbegängnis bereits von Freunden des Verstorbenen organisiert worden war, bestellte sie das feierliche Requiem in der Kirche am Hof. Johann bot seinen ganzen Einfluß auf, um überall – als hätte es nie Streit und Rivalität gegeben – als Nachfolger seines Vaters anerkannt zu werden. Zugleich wurde eine gehässige Kampagne gegen Emilie Trampusch arrangiert; der spätere Textdichter des „Donauwalzers“, Josef Weyl, veröffentlichte sogar ein Spottgedicht auf die Unglückliche.

Knapp drei Wochen später waren die Weichen für die Zukunft exakt gestellt: Strauß-Sohn übernahm die Kapelle seines Vaters und zugleich auch so gut wie alle Engagements des Verstorbenen in den Wiener Etablissements. Nur bei Hof wies man sein Gesuch ab, die Ballmusik ausführen zu dürfen, und bevorzugte Philipp Fahrbach. Dies sollte aber auch der einzige Rückschlag bleiben, und als sich im Verlauf der nächsten Monate herausstellte, daß „die Trampusch“ abermals schwanger war und diesmal den Vater des Kindes nicht angeben konnte, ging auch der letzte Freund des Verstorbenen ins Lager des Sohnes über. Die Frau, mit der Strauß-Vater fünfzehn Jahre hindurch glücklich gelebt hatte, verschwand bald darauf spurlos.

Die Wiener trauerten aufrichtig um den Mann, der ihnen als Vorgeiger und als Komponist so viele frohe und schöne Stunden bereitet hatte. Mehr als hunderttausend Menschen standen Spalier, als man ihn nach der Einsegnung im Stephansdom auf den Döblinger Friedhof überführte, um ihn dort an der Seite Joseph Lanners zu bestatten.

So gut wie alle Trauergäste waren überzeugt, daß mit dem Tod des „Walzerkönigs“ eine Ära unwiederbringlich zu Ende gegangen sei. Es bedeutete daher eine ungeheure Leistung, daß Strauß-Sohn im Laufe einiger Jahre nicht nur die Rolle seines Vaters im Wiener Leben auszufüllen vermochte, sondern zugleich auch die Menschen davon überzeugte, daß die Zeit der Walzer noch keineswegs verweht sei. Mit der Geige in der Hand bewies er ihnen, daß der beschwingte Tanz, das elegante Gleichnis eines kultivierten

Lebensgefühles, weitergehe, wenn *er* dazu aufspielte! Es war verdient, daß man nun ihn zum Walzerkönig erhob.

In deutlichem Gegensatz zur extrem angespannten, nervös-hektischen Betriebsamkeit seines Bruders entfaltete Joseph Strauß seine vielfältigen Begabungen in aller Stille. Schon während der ersten Studienjahre hatte er Lehrbehelfe ausgearbeitet und vervielfältigt, die dankbare Abnehmer fanden. Auch seine Scherenschnitte waren als Präsente sehr gesucht. Im übrigen schrieb Pepi – da er nicht nur über die Fertigkeit eines virtuosen Pianisten, sondern auch über eine angenehme Baßstimme verfügte – einige erstaunlich pathetische und zugleich schwermütige Lieder, meist auf eigene Texte, neben recht anspruchsvollen Klavierstücken.

Überdies versuchte sich Joseph auch als Bühnendichter. Den Stoff für das von ihm konzipierte Drama entnahm er einfach der Familienüberlieferung. Man war ja der Überzeugung, daß seine Großmutter Maria Anna Streim, geborene Rober, einem spanischen Adelsgeschlecht entstammte: Als Tochter eines Marquis, der das Unglück gehabt habe, bei einem unüberlegten Duell den Infanten (!) tödlich zu verwunden, habe sie mit ihren Eltern aus der Heimat fliehen müssen; um der Ausforschung zu entgehen, habe „Marquis Rober“ auf den ihm zustehenden Titel verzichtet und einen untergeordneten Dienst als Zuckerbäckereiträger bei dem ihm wohlgesinnten Herzog von Sachsen-Teschen angenommen. Doch habe der Gram über dieses Schicksal seinen frühen Tod herbeigeführt. Diese seltsame Geschichte – eine pure Erfindung – baute Joseph Strauß weiter aus, und weil er so schön im Zuge war, zeichnete er für sein Drama „Rober“ auch gleich die Bühnenbilder und entwarf sogar die Figurinen!

So gut es in dieser schweren Zeit ging, nahm Pepi seine Studien wieder auf und arbeitete außerdem als Zeichner. Dabei traf es sich, daß er den gleichen Weg wie ein junges Mädchen mit Namen Caroline Pruckmayer hatte, das er von einem Sprachkurs her kannte. Nun begegneten die beiden einander wieder, und bald spannen sich zwischen dem Studenten und der in einem Modesalon als Näherin arbeitenden Achtzehnjährigen die Fäden einer immer leidenschaftlicheren Liebe. Die Mutter Carolines – der Vater war bald nach der Geburt des Mädchens gestorben – widersetzte sich zwar zunächst auch nur dem Gedanken an eine Verbindung ihrer Tochter mit dem „jungen Mann ohne Geld und Beruf", aber auch die Übersiedlung der Familie Pruckmayer in eine andere Vorstadt beendete die Beziehung der Liebenden nicht. Bald stellte sich auch Johann Strauß als Besucher im kleinen Häuschen in Grinzing ein, und so wurde die Situation ein wenig unübersichtlich, als Joseph Strauß im April 1851 nach Trumau in Niederösterreich abreisen mußte, um dort die Bauleitung bei der Errichtung einer steinernen Wasserwehr im Triestingbach zu übernehmen. Die Trennung von Caroline hat dem sonst so ehrgeizigen Techniker die Arbeit in Trumau von vornherein verleidet. Gleich im ersten Brief klagte Joseph:

„Mein gutes liebes Linchen! Ich bin fern von Dir, ich kann Dich kaum den vollen Tag sehen, wenn ich um Deinetwillen meinen jetzigen Bestimmungsort verlasse, um nur bey Dir zu sein! – Ich sehe Dich im Geist vor mir, ich lächle Dir zu, ich herze, küsse, drücke Dich innig . . . ich liebe Dich mit der ganzen Kraft meiner Seele . . . ich bin Dein, ich habe mich Dir ergeben . . . ich suche mein Glück nur bey Dir, Du hast es in Deinen Händen . . ."

Josephs Skizzen aus der „Bußanstalt“

Eine Woche später begann er seinen Brief mit den Sätzen: *„Da bin ich wieder in Trumau, in meinem Fegefeuer, in meiner Bußanstalt . . . ich bin strenge gestraft, man hat mich von Wien, von Dir weggetrieben, man hat mir Deinen Anblick zum Theil entzogen . . . Mein hiesiger Aufenthalt ist schrecklich für mich, diese Einförmigkeit der Gegend, diese Tölpelgesichter um mich her, kurz, mein ganzes Seyn in diesem Trumau habe ich jetzt schon übersatt . . .“*

Bald quälten Joseph Strauß bange Gedanken, ob er der Treue „seiner Lina“ auch sicher sein könne. Es war ihm wohl nicht verborgen geblieben, daß seine Liebste – wie unzählige Frauen und Mädchen in Wien! – für seinen feschen, eleganten, übermütigen Bruder schwärmte, und wie temperamentvoll ihr dieser gelegentlich den Hof machte! Manchmal konnte Pepi seine Eifersucht nicht unterdrücken: *„Mir war sehr leid, als ich hörte, daß Du im Volksgarten gewesen bist; ich hätte nicht im geringsten daran geglaubt, wenn mir's nicht geschrieben worden wäre.“*

Im Volksgarten aber hatte am 15. Juli sein Bruder Johann ein Festkonzert veranstaltet!

Schon am 30. Juli 1851 beendete Joseph seine ursprünglich für ein volles Jahr anberaumt gewesene Tätigkeit in Trumau und kehrte nach Wien zurück. Er übernahm den Bau einer Maschinenhalle, und sein Arbeitsplatz lag in unmittelbarer Nachbarschaft des Salons seiner Caroline.

Im Frühjahr 1852 herrschte im Hirschenhaus fröhliche, optimistische Stimmung: Jean hatte im Karneval zum ersten Male bei Hof zum Tanz aufgespielt; damit war auch die letzte Position erobert, die einstmals der Vater innegehabt hatte. Und Pepi verhandelte mit einem angesehenen Baumeister, der ihm die Errichtung zweier Bürgerhäuser anvertrauen wollte. Überdies plante er, mit einem Kurs über Wasserbau seine Studien abzuschließen und das Ingenieurdiplom zu erwerben. So nebenbei konstruierte Pepi eine Straßenreinigungsmaschine und reichte die Pläne nebst einer sorgfältigen Beschreibung beim Wiener Magistrat ein.

Im Spätherbst 1852 war die Lage völlig verändert: Johann Strauß war von seiner Kunstreise nach Deutschland, die ihn bis nach Hamburg geführt hatte, vollkommen erschöpft zurückgekommen und wenig später an „Nervenfieber" erkrankt. Die Ärzte fürchteten aus guten Gründen um sein Leben und ordneten, um eine Wiederholung dieses totalen Zusammenbruchs hintanzuhalten, einen langen Erholungsurlaub an. Mutter Strauß war verzweifelt. Auch bei ihrem Mann waren solche Erschöpfungszustände der Anfang von seinem frühen Ende gewesen. Aber wenn die vielköpfige Familie überleben wollte, mußte das „Walzergeschäft" weitergehen. Und an der Spitze der Kapelle mußte unbedingt ein Strauß stehen! Es gab nur eine Lösung: Pepi mußte als Dirigent einspringen!

Joseph Strauß setzte sich eine Zeitlang gegen das Votum der Familie zur Wehr, mußte aber schließlich zugeben, daß es im Moment keine andere Lösung gab. Doch er stellte eine Bedingung: da er das damals für einen Musikdirektor unerläßliche Geigenspiel nicht beherrschte und gegenüber dem eleganten Jean, der ja das Aufgeigen vor dem Spiegel geübt hatte, wohl ohnedies nicht bestehen konnte, wollte er die Leitung des Orchesters nur „interimistisch", vorübergehend, übernehmen. – Der Familie war es recht. Auch wenn Pepi nur posierte, war der Schein gewahrt und das Geschäft gerettet!

Daraufhin debutierte Joseph Strauß am 23. Juli 1853 im alten „Hauptquartier der Straußianer", beim Sperl, als Leiter der Kapelle. *„Das Unvermeidliche ist geschehen"*, schrieb Pepi seiner Braut. Jean konnte zur Kur nach Bad Neuhaus abreisen. Doch weil er vergaß, zum Hernalser Kirchtag die zur Tradition gewordene Widmung einzusenden, mußte sein Bruder auch als Komponist einspringen. Pepi verfaßte also eine gemütliche Walzerpartie. Aber er gab ihr den Titel „Die Ersten und Letzten". Und versicherte jedem, der es hören wollte: einmal, und nie wieder . . .

„Interimskapellmeister" Joseph Strauß

Strauß-Vater

Mutter Anna

Erster Ball im Sophiensaal (1846): im Hintergrund die Straußkapelle. Dirigent war Strauß-Vater. Später spielten auch seine Söhne in dem heute noch bestehenden Etablissement zum Tanz auf.

Lied aus dem Jugendzyklus

Liederzyklus von Joseph Strauß: Texte und Musik wissen nichts von „Walzerseligkeit"! – Die Jugendkompositionen Pepis blieben im Besitz der Familie und entgingen daher der Vernichtung. – Aber von den zurückbehaltenen 121 Seiten Autographen sind viele offenbar in Privatbesitz und der Forschung daher nicht zugänglich.

IV

MAIROSEN

In den Sommermonaten des Jahres 1853 verlief das Leben der in der sonnenheißen Reichs-Haupt- und Residenzstadt zurückgebliebenen Wiener durchaus angenehm. Obwohl am 18. Februar auf den jungen Kaiser Franz Joseph ein Attentat verübt worden war, entschloß man sich in der Hofburg endlich, den seit fünf Jahren über die Metropole der Donaumonarchie verhängten Belagerungszustand zu lokkern; am 1. September wurde er gänzlich aufgehoben. Das Karussell der fröhlichen, beschwingten Feste, die Wien in der ganzen Welt als einzigartige Heimstatt der Lebensfreude und des Daseinsgenusses berühmt gemacht hatten, begann sich allmählich wieder zu drehen. Die Schäden des Revolutionsjahres 1848 waren beseitigt: in den Vorstädten wurde eifrig gebaut und die Zahl der Gaststätten, Etablissements und Vergnügungsparks erhöhte sich rasch.

Als Joseph Strauß im August und September anstelle seines Bruders die Kapelle dirigierte, überdachte er seine Lage mit gewohnter Gründlichkeit. Mehr Lokale, das bedeutete auch mehr Konzerte und Bälle. Eine ständige Entlastung für Jean war daher wünschenswert. Doch die finanzielle Situation der Familie war noch keineswegs gefestigt. Einmal mußte die Mutter um ein eiliges Darlehen

---

Die Liebe fürs Leben: Caroline

ersuchen, dann wieder hatte der leichtsinnige Jean seinem Verleger Carl Haslinger „wegen der unterlassenen Pfändung“ zu danken. Da war es besser, auf eigenen Füßen zu stehen. Seine Aufgabe, das Walzergeschäft in Schwung und die Konkurrenz in Schach zu halten, löste Pepi ohne jede Mühe. Weder der junge August Lanner, Joseph Lanners Sohn, der unter johlendem Jubel der Anhänger seines unvergessenen Vaters im März als Musikdirektor debutiert hatte, noch der gewiß tüchtige, aber im Umgang mit dem Publikum nicht eben gewandte Philipp Fahrbach konnte ihm gefährlich werden. Doch die tägliche Fron des Aufspielens in Gasthäusern und Ballsälen schreckte ihn: hatten ihm die Ärzte nicht zu Bewegung in frischer Luft, zu Schonung und Gelassenheit geraten? Warum eigentlich drängte ihn die Mutter, seine Nächte in den stickigen, vom Gaslicht eher aufgeheizten als erleuchteten Tanzlokalen zuzubringen?

Andere Aspekte seiner neuen Tätigkeit waren freilich durchaus verlockend. Das Musikleben Wiens hatte sich vom Rückschlag des Jahres 1848 längst noch nicht erholt. Die Philharmonischen Konzerte hatten aufgehört, die Reorganisation der „Gesellschaft der Musikfreunde“ kam nur langsam voran und die Zeit der Dilettantenorchester war unbestreitbar vorüber. In den vergangenen Monaten war es der Strauß-Kapelle überlassen geblieben, die Musik Richard Wagners in Wien vorzustellen; für den Winter bereitete Jean die Aufführung der in der Donaumetropole noch immer unbekannten „Tannhäuser-Ouvertüre“ vor. Das waren Pläne, die auch Joseph Strauß interessierten!

Aber nun hatte er mit einem Alt-Wiener Walzer debutieren müssen, weil man halt beim Hernalser Kirchtag gern „im Ländlerstyl“ tanzte! Die Stilkopie war Pepi nicht schwer gefallen; über die Einleitung hatte er sich hinweggeschwindelt, weil er ja keinerlei Unterricht in Kontrapunkt und Harmonielehre erhalten hatte, doch den Tonfall eines „wienerischen Walzers vom alten Schlag“ hatte er so gut getroffen, daß er seine Komposition „Die Ersten und Letzten“ gleich sechsmal hatte wiederholen müssen. Und in den Journalen war er gelobt worden:

„Seine Walzer strotzen vor Frische und Schwung, von jener Elektrizität, welche Alleineigentum der Strauß'schen Familie zu sein scheint.“ („Wanderer“)

„Diese neuesten Tanzblüthen sind ein entschiedener Beleg für das glänzende Talent des Herrn Strauß und wir geben uns der angenehmen Hoffnung hin, daß diese Composition nicht die letzte sein werde.“(„Theaterzeitung“)

Da meinte Pepi, es könne keinesfalls schaden, auch noch Musikunterricht zu nehmen. Er meldete sich also beim Professor für Harmonielehre und autorisierten Musikschulinhaber Franz Dolleschall zur Ausbildung „in den Grundsätzen des Generalbasses und der Kompositionslehre“ an. Und überdies erlernte er beim Konzertmeister der Kapelle, Franz Amon, das Geigenspielen. Viel Aufsehen hat der Interimskapellmeister Strauß im Sommer 1853 allerdings nicht erregt. Zuerst hielt die spanische Tänzerin Pepita die Wiener in Atem, und vom 23. August an hatte die gesamte Monarchie ohnedies nur noch ein Gesprächsthema, denn – wie die Journale formulierten – *„es ergoß sich die Kunde von der Verlobung der Elise Amalie Eugenie Herzogin in Bayern mit Kaiser Franz Joseph in Ischl ...“*

Mitte September erschien Johann Strauß, gut erholt, mit der Geige in der Hand auf dem Podium und *„entzündete wieder in seinem Orchester das alte Leben“*. Da dachte niemand mehr an den blassen jungen Mann, der – mit dem

Taktstock dirigierend – die Urlaubspause des Bruders immerhin mit Anstand überbrückt hatte.

Im Fasching 1854 stand Johann Strauß erst recht im Mittelpunkt des Interesses: er wagte es, in einigen seiner Tanzstücke Wagnerklänge einfließen zu lassen! Das erregte das Publikum, und der Kritiker Eduard Hanslick verstieg sich sogar dazu, die Karnevalswidmungen für die Juristen und für die Techniker, „Novellen" und „Schallwellen", als – „Walzerrequien" zu bezeichnen. Das Wort machte sogleich die Runde in der Stadt und sollte in der Folge noch oft gegen die Brüder Strauß verwendet werden.

Joseph Strauß trat weder im Fasching noch im Frühjahr als Dirigent in Erscheinung. Diesmal stand es um *seine* Gesundheit nicht zum besten, – aber als Jean zur Kur nach Gastein abreiste, da übernahm er doch wieder bereitwillig die Leitung der Kapelle. Mit der gleich zu Beginn seines Wirkens präsentierten Walzerpartie „Die Ersten *nach* den Letzten" schien er anzudeuten, daß er zumindest entschlossen sei, in Zukunft weiterhin zu komponieren; aber kaum hatte Jean Ende Juli sein Amt als Vorgeiger angetreten, zog Pepi sich gänzlich zurück. Von einem „Augenübel" ist in seinen Briefen die Rede und von heftigsten Kopfschmerzen.

Die Entscheidung über Joseph Strauß' Schicksal fiel erst im Jahre 1855. Trotz des Krimkrieges zwischen den mit der Türkei verbündeten Westmächten England und Frankreich einerseits und Rußland andererseits amüsierte sich Europa nach Herzenslust. Vor allem in der Metropole der neutralgebliebenen Donaumonarchie war die Anzahl der Bälle und Feste im Fasching größer denn je. Aber auch in St. Petersburg ließ man sich von der in der Ostsee versammelten Armada der Alliierten nicht bei den gewohnten Vergnügungen stören. Daher reisten auch die Direktoren einer

Eisenbahngesellschaft nach Österreich, die für den Betrieb einer Ausflugslinie von der russischen Hauptstadt nach der etwa 30 Kilometer entfernten „Village“ Pawlowsk verantwortlich waren. Die Herren suchten einen neuen Musikdirektor: denn obwohl an dieser Strecke Schlösser des Zaren (heute: Puschkin) und des Großfürsten (Pawlowsk) lagen, dachte man in Rußland keinen Augenblick daran, den Bahnbetrieb etwa zu subventionieren. Daher hatte die Direktion die Endstation der Linie, die inmitten eines riesigen Parks gelegen war, so gestaltet, daß man „im Vauxhall“ – im Bahnhof – den Sommer über attraktive Konzerte und Bälle veranstalten konnte. Waren die Feste gut besucht, dann war auch die Bahnlinie rentabel.

Die Direktoren der Eisenbahngesellschaft suchten also nach einem Musikdirektor, der die Fähigkeit besaß, das Publikum in Scharen nach Pawlowsk zu locken. Die Anziehungskraft des bisher engagiert gewesenen Berliner Kapellmeisters Joseph Gungl – er stammte übrigens ebenfalls aus Österreich – war verbraucht. Bei der Umschau nach einem Nachfolger war man auf Johann Strauß verfallen. Der ließ sich nicht lange bitten. Diese – gut bezahlte! – Aufgabe war so recht nach seinem Geschmack.

Daß Joseph ihn einstweilen daheim vertreten sollte, schien klar zu sein. Aber Jean zögerte lange. Zunächst einmal ließ er den indessen zwanzigjährigen jüngsten Bruder Eduard, der neben seiner Ausbildung für den diplomatischen Dienst auch Musikunterricht erhalten hatte, im Februar 1855 als Harfenspieler debutieren. Dann schränkte er die Mitwirkung Pepis bei den repräsentativen Bällen im Fasching und bei den Konzerten der Frühjahrssaison in auffallender Weise ein. Jean hatte plötzlich Bedenken, ob Pepi der richtige Mann sei, um seine, Jeans, Werke mit dem nötigen Effekt vortragen zu lassen. Und außerdem fiel ihm ein, daß Josephs Kompositionen ihm am Ende schaden könnten! Indessen war nämlich der Verleger Carl Anton Spina an seinen Bruder mit dem Vorschlag herangetreten, einige dieser Tanzstücke zu veröffentlichen.

Pepi überließ die Entscheidung dem Familienrat. Aber da Jean selbst an einen Verlagswechsel dachte – aus Deutschland lockte Schott! – und an das Engagement in Rußland nicht recht glaubte, hielt er den Bruder hin und verband einige halbherzige Zugeständnisse mit recht drastischen Vorwürfen. Daraufhin ließ Joseph Strauß seiner Verärgerung Lauf:

„*Lieber Jean! Aus diesem Deinem letzten Briefe ersehe ich die Eile, in der Du noch vor Postabschluß das Schreiben zu beenden suchtest. Ich danke Dir, daß Du mich in den Stand gesetzt hast, H. Spina heute schon in Kenntnis setzen zu können – es ist so, wie ich erwartet habe – jedoch hätte ich Dich nicht solcher Inconsequenzen fähig gehalten. – Du wirst mir erlauben, daß ich Dein Schreiben zergliedere: Für's erste: Wenn Du weißt, daß kein Verleger (in loco) diese Summe zahlen kann als Haslinger, so mußt Du nicht gleich mit der Kündigung oder mit dem Bruche des Contracts bei der Hand sein. Das weiß auch H. recht gut, daß er viel zahlt, darum behandelt er Dich also, weil er auch (außer dem Contract) in Deiner Schwäche oder Verlegenheit auszuhelfen hat. Das sind die Früchte, weil Du H. zu viel Herr über Dich hast werden lassen.*“

Und nachdem Joseph Strauß in seinem Brief die Frage der Haltung den Verlegern Haslinger und Spina gegenüber ausführlich erörtert hatte, ging er zum Angriff über:

„*Was faselst Du von selbständigen Interessen, von Egoismus? Wo steckt denn der Egoismus, wenn man in einer*

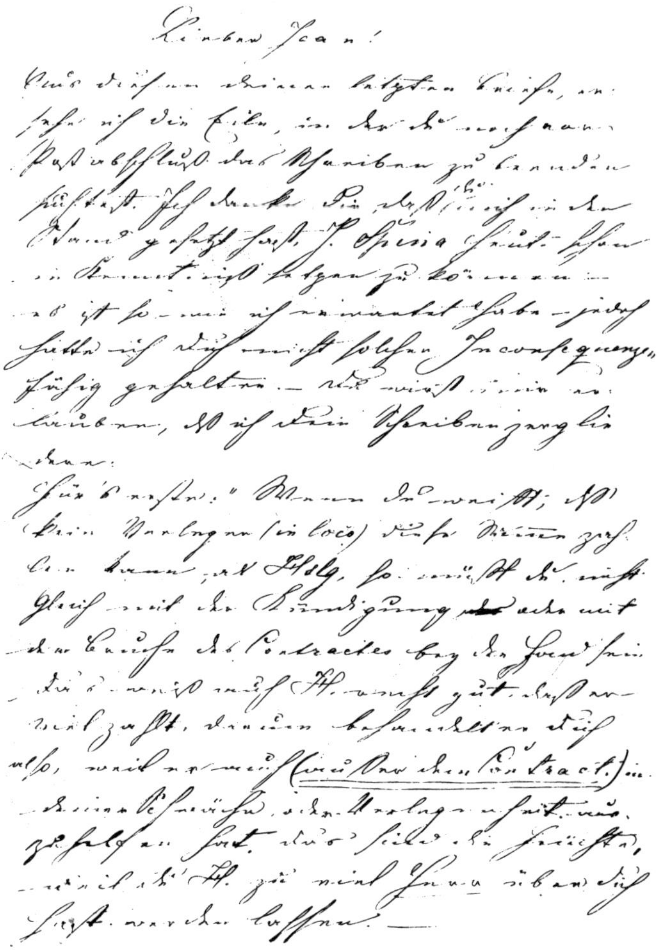
Lieber Jean!

Ausführlich setzte sich Joseph Strauß im Sommer 1855 mit seinem Bruder Jean auseinander und legte noch einmal seinen Standpunkt in einem Brief an den in Gastein weilenden Johann mit aller Deutlichkeit klar.

jämmerlichen Situation, als Aushilfsmöbel sich vor das Publikum hinstellt, und die Teilnahmslosigkeit, die Gleichgiltigkeit als Auditorium walten sieht!!! – Mein Wirken ist ein interimistisches, ein substituierendes: als solches ist meine Leistung ein Mitlaufen – ich muß mich diesem Geschäfte weihen, weil das Geschäft nicht zurückgehen soll. Von dieser Idee bin ich durchdrungen und werde von ihr getragen. Andere Motive kenne ich nicht. – Habe ich mich zum Dirigirpult gedrängt? Habe ich mich aufgedrungen, als ich voriges Jahr am Lande lebte?? Wer hat mich gerufen?? Für mich ist das Aufhören der öffentlichen Leitung keine Drohung, zumindest kein Schaden. Meine Liebe zur Musik wird sich nicht in ¾-Takten ergehen, ich fühle auch nicht das rechte Berufensein dazu in mir. – Ich bin also bereit, bei Deiner Ankunft den Taktirstock niederzulegen . . ."

Auf diesen Brief hin lenkte Johann Strauß ein für allemal ein, und jetzt konnte Pepi, der eben erst zur Resignation bereit gewesen war, an den systematischen Aufbau seiner Laufbahn als Komponist und als Musikdirektor denken. Zunächst hatte er wieder beim Hernalser Kirchtag wienerische Walzer („Flinserln") aufzuspielen, aber diesmal umgab er die routinemäßige Widmung gleich mit einer Serie weiterer Kompositionen. Der Bann war gebrochen, das Füllhorn seiner unerschöpflichen Einfälle und Ideen begann sich zu ergießen. Als Jean im Frühsommer 1856 zum ersten Male nach Rußland reiste, trat auch Joseph mit der Geige in der Hand vor das Publikum. August Lanner war gestorben, Fahrbach zum Militär übergewechselt: aber Joseph hatte sich sofort gegen neue scharfe Konkurrenz zu behaupten. Doch als er im Frühling 1857 im Volksgarten das erste Fest mit dem Walzer „Mairosen" eröffnete, war er bereits souveräner Regent im abermals sonnenheißen Wien!

V

BRENNENDE LIEBE

Gleich im ersten Sommer seiner Alleinherrschaft begann Joseph Strauß das Repertoire der Kapelle zu erweitern und zu verändern. Die altgedienten Musiker waren es zwar durchaus gewohnt, daß seit den allmählich zur Legende verklärten Tagen des „alten Strauß“ bei den Conversationen, Soireen und Gartenkonzerten neben den neuesten Tänzen auch populäre Opernmelodien vorgetragen wurden und daß selbst symphonische Werke mit schmiegsamer Anpassung an die Aufnahmebereitschaft des Publikums Berücksichtigung gefunden hatten, aber nun wagte sich Pepi entschlossen viel weiter vor. Er lud zum Beispiel – unter Ausnützung der offenkundigen Schwächen des Wiener Musiklebens – zu einem „außergewöhnlichen Fest“ in den Volksgarten ein und führte dort nach Szenen aus der an der blauen Donau immer noch unbekannten Wagner-Oper „Lohengrin“ die Tondichtung „Mazeppa“ von Franz Liszt zum ersten Male auf. Der Komponist, der eben erst attakkiert worden war, weil er, der vielgeschmähte „Neutöner“, in Wien ein Mozartfest zu leiten „wagte“, saß glücklich inmitten der mehr als 2000 Besucher und war mit der Wiedergabe seiner Tondichtung vollkommen zufrieden. –

Joseph Strauß wußte nur allzu gut, daß er als „Vorgeiger“

und Dirigent die schier magische Faszinationskraft niemals werde aufbieten können, die von seinem Vater ausgegangen war und die sein Bruder Johann soeben in Rußland wieder bewies, indem er das Publikum seiner Konzerte und Bälle in Pawlowsk vom ersten Tage seines Wirkens an zu enthusiastischem Jubel hinriß. Für sich sah Pepi nur eine Chance: er mußte – unter radikalem Verzicht auf die weitere Entfaltung aller anderen Talente und Fähigkeiten – seine dem Bruder beteuerte „Liebe zur Musik" so umfassend wie möglich zur Geltung bringen. Daher plante er einerseits die Erweiterung des Repertoires der Kapelle durch Aufführungen der Meisterwerke der zeitgenössischen Opernkunst und der vom Kreis um den Kritiker Hanslick abgelehnten „Zukunftsmusik", und andererseits die Weiterentwicklung des Walzer zur „Symphonie im Dreivierteltakt", wobei ihm die Tonwelt Wagners und Liszts ganz selbstverständlich das Vorbild bot.

Im Sommer 1856 erlaubte ihm aber der Stand seiner Studien, obwohl er sie mit größtem Eifer betrieb, die Realisierung solcher Kompositionspläne noch keineswegs. Also begnügte er sich vorerst damit, die „wienerischen Walzer" und flotten, markanten Polkatänze, zu deren „Produktion" er ja „durch die Umstände bereits veranlaßt worden war", sorgfältiger auszuarbeiten. Dabei ermutigen ihn abermals die Journale. So berichtete der „Wanderer" anläßlich eines „Alt-Wien-Festes" im „Sperl":

„*Dieser so schnell und allgemein beliebt gewordene Compositeur führte seine neuesten Walzer, ‚Die guten alten Zeiten' betitelt, eine sehr melodiöse, schwungvoll und brillant instrumentierte Parthie, unter dem größten Beifall auf.*"

Weit weniger erfolgreich war Joseph Strauß mit den Karnevalskompositionen. Wenn Pepi gleichsam im Schatten seines Bruders operierte, wirkte sich die größere Erfahrung des Älteren – er hatte ja einen Vorsprung von neun Jahren! – vorerst noch deutlich aus. Dazu kamen Überlegungen der Geschäftspolitik: Weder Jean noch der Verleger Haslinger, der indessen mit beiden Brüdern Verträge abgeschlossen hatte, war daran interessiert, für die Faschingskompositionen Pepis Reklame zu machen. Im Winter sollte Jean bevorzugt werden.

Pepi hatte nichts dagegen einzuwenden. Er fieberte ohnedies dem Frühling entgegen: Endlich hatte er von Frau Pruckmayer die Einwilligung erhalten, seine Braut zu heiraten. Das Mädchen hatte längst eingesehen, daß es für den leichtlebigen Jean nur eine „Bekanntschaft" unter vielen gewesen war, und die Mutter mußte ihren Widerstand aufgeben. Joseph aber hatte sich vorgenommen, Caroline als Hochzeitsgeschenk eine Komposition zu überreichen, in der er zum ersten Male seine Vorstellungen von der Weiterentwicklung des Wiener Tanzes zum „Concertwalzer" darlegen konnte. Und er verwirklichte seinen Plan auch pünktlich. Zwei Tage vor seiner am 8. Juni in der Pfarrkirche St. Johann in der Leopoldstadt geschlossenen Verbindung mit Carolina Josepha Pruckmayer übergab er seiner Liebsten seinen Walzer „Perlen der Liebe". Drei Wochen später spielte er das anspruchsvolle Werk, das mit seinen kühnen Harmonien und weitausgreifenden melodischen Linien noch heute einen Prüfstein für Orchester und Dirigenten darstellt, im Volksgarten der Öffentlichkeit vor. Aber diesmal wartete er vergebens auf ein Echo in einem der Journale.

Enttäuscht, aber vorerst nicht entmutigt, wandte sich Pepi der täglichen Routinearbeit zu, und als wieder Kirchtag in Hernals war, konnte er gleich zwei Erfolge feiern: einen mit dem volkstümlichen Walzer „Fünf Kleebladl'n" und einen weiteren mit der „Steeple chase"-Schnellpolka. Unwillkürlich stellte sich die Frage: War Pepi „nur" zum wienerischen Musikanten geboren? In der „Theaterzeitung" fand sich dazu am 3. März 1858 eine interessante Stellungnahme:

„Während Johann Strauß vorwiegend in die Fußstapfen seines Vaters tritt, neigt sich Joseph entschieden dem Lanner'schen Genre zu. Namentlich in seinen Walzern spricht sich jene Gemütlichkeit, Frische und Heiterkeit aus, die auch die Lanner'schen Walzer charakterisieren."

Pepi hätte es sich also leicht machen können. Der Nachfolger Lanners zu sein, das war fürs Renommee wie fürs Geschäft ausgezeichnet. Was hätten andere für eine solche Würdigung gegeben! Aber Joseph Strauß wollte mehr. Er wagte einen neuen Anlauf: Knapp nach der Geburt seines Töchterchens, das den Namen der Mutter, Karoline, erhielt, skizzierte er einen weiteren „symphonischen Walzer". Er nannte ihn „Ideale" und stellte ihn im Volksgarten am 15. Juni 1858 dem Publikum vor. Diesmal war ein Rezensent der „Theaterzeitung" zur Stelle:

„Von dem großartigsten Erfolge begleitet war die Aufführung der neuen Concertwalzer ‚Ideale'. Dieselben wichen von der gewöhnlichen Walzerform dadurch ab, daß sie sich in vollkommen reinen Rhythmen bewegen, daß die Melodien sorgfältiger ausgearbeitet und mit reichem Instrumentalschmuck geziert sind. Daß Strauß den musikalischen Bau und Satz genau kennt, daß er die feinen Combinationen, Wendungen und Verschlingungen in ihrem ganzen Umfang zu benützen versteht, hat er in diesem Tonstück bewiesen; denn dasselbe ist ein kleines ‚chef d'oeuvre'. Die Aufnahme war eine stürmische." –

Auch wenn man den Berichten in der „Theaterzeitung" mit Grund mißtraut, weil die Rezensenten gerade dieses Journals in der Regel zum Besuch von Benefizkonzerten

„veranlaßt" wurden und daher zu Gefälligkeiten gern bereit waren, machen diese Formulierungen neugierig: Es könnte sein, daß Joseph Strauß in den „Idealen" die feste Walzerform erweitert oder gar gesprengt hat. Aber man kann diese Vermutung nicht beweisen: Das Original ist verschollen und der Verleger Haslinger wollte von Experimenten nichts wissen. Und weil zwei Konzertwalzer von Johann Strauß, „Gedankenflug" und „Schwärmereien", die unzweifelhaft von den Ideen Josephs inspiriert worden waren, versagten, entmutigte Haslinger auch Joseph: Keiner der von Pepi später vorgelegten „neuartigen Walzer" und kein anderes Konzertstück (z. B. die Ode „An die Nacht", der Concertwalzer „Klänge aus der Ober- und Unterwelt" oder die „Fantasie für Orchester") erschienen im Druck.

Joseph Strauß resignierte. Da man ihm auch vorhielt, mit solchen Kompositionen werde er dem Geschäft gewiß nicht nützen, versuchte er erst gar nicht, für seine „Ideale" zu kämpfen. Dafür wandte er sich umso entschlossener der Aufgabe zu, als Dirigent – und in zunehmendem Maße auch als Arrangeur und Bearbeiter – für jene Werke einzutreten, die man in Wien längst hätte kennen müssen. Wie der geistreiche Journalist Ludwig Speidel am 10. Februar 1858 in der „Wiener Zeitung" festgestellt hatte, lag „Schubert noch zu einem großen Theil vergraben, und während man Mendelssohn zu Tode hetzt, ist sein großer Nebenbuhler Schumann noch kaum auf dem Plan erschienen". Zwar besserten sich die Verhältnisse, als die Philharmoniker auf eine energische Initiative des Kapellmeisters Carl Eckert hin ihre Konzerte wieder aufnahmen und der „Feuergeist" Johann Herbeck die Aktivität der „Gesellschaft der Musikfreunde" vervielfachte – aber es war eben doch Joseph Strauß, der nach den Wagner-Opern „Lohengrin" und „Der fliegende Holländer“ auch „Tristan und Isolde“, „Rheingold“ und „Die Meistersinger von Nürnberg“ in Wien bekannt machte.

Fragmente aus „Tristan“ präsentierte Joseph Strauß zum ersten Male im Frühsommer 1860 und wies vom Mai 1861 an mit neuen Arrangements noch einmal auf das Werk hin: diesmal hörte auch Richard Wagner, wie Eduard Strauß in den „Erinnerungen“ bezeugt, die Bearbeitungen Josephs und stimmte ihnen zu. Die Wiener Hofoper aber begann erst im November 1862 mit der Einstudierung der Oper „Tristan und Isolde“ und legte daraufhin das Werk alsbald – als unaufführbar zurück ...

In ähnlicher Weise trat Joseph Strauß auch für Giuseppe Verdi ein, der von der Wiener Kritik übrigens noch weit gehäßiger abgewertet wurde als Wagner! Dann nahm er Kompositionen von Schumann und Schubert ins Repertoire auf. Es ist daher verständlich, daß der deutsche Komponist Peter Cornelius bei seinem Besuch im März 1861 erfuhr, daß „Joseph der kultiviertere Musiker von beiden (Brüdern Strauß) sein soll“. Es war damals die allgemeine Meinung.

Joseph Strauß erlaubte sich keine Einseitigkeit. Er trat nicht nur für Opern und symphonische Musik ein. Als vom Oktober 1858 an die Singspiele, Bluetten und Buffonerien Jacques Offenbachs in Wien bekannt wurden, präsentierte er dem Publikum seiner Konzerte gleich nach jeder Premiere in dem von Johann Nestroy geleiteten Carltheater entsprechende Potpourris und Quadrillen. Nur im Falle der Operette „Orpheus in der Unterwelt“ kam ihm Jean zuvor.

Im Bereich der wienerischen Tanzmusik hat Joseph Strauß den Vorsprung seines Bruders spätestens im Sommer 1858 eingeholt. Rechtzeitig vor seiner ersten Berufung zu einem Hofkonzert im Schloß Schönbrunn hatte er rasch nacheinander seine Meisterwerke „Moulinet-Polka“ – ein zierliches Miniaturgemälde – und „Wiener Kinder“ – einen klassischen Walzer, in einem Guß von der Introduktion bis zur letzten Note der Coda – fertiggestellt. Und als hätte das Lob, das er für seine Produktionen vor der Erzherzogin Sophie und ihren Gästen allseits erntete, ihn beflügelt, wartete er auch beim Kirchtag in Hernals mit einer besonders beschwingten Walzerpartie auf: mit den „Flattergeistern“. Die Hauptmelodie dieses Tanzes wurde sofort in ein Wienerlied umgewandelt, das die Volkssänger mit dem Text: „Wann i amal stirb, stirb, stirb“ überall verbreiteten. Konnte es eine gültigere Anerkennung für Pepi geben, als daß seine fidele Melodie mit der allezeit latenten Todeselegie der Wiener in Verbindung gebracht wurde?

Im Fasching und erst recht im Sommer 1859 drückte das Wissen um die kriegerischen Auseinandersetzungen in Norditalien, die mit der Niederlage der Donaumonarchie endeten, schwer auf die Stimmung in der Residenzstadt. Das „Geschäft“ ging spürbar zurück. Trotzdem entschloß sich Johann Strauß, gedeckt durch die ihm gegenüber stets nachsichtige Mutter, zu einer Neuorganisation des Familienunternehmens. Jean hatte sich in Pawlowsk in die kapriziöse Olga Smirnitzki verliebt und trug sich erstmals – mit ernsthaften Heiratsplänen! Aber als ihm das Mädchen im Frühling 1860 schrieb: *„Verdamme mich nicht. Ich fasse mich kurz: seit zwei Wochen bin ich Braut!“*, gab er sich keineswegs der Verzweiflung hin, wie er vordem beteuert hatte, sondern stürzte sich mit erst recht auflodernder Leidenschaft in eine Verbindung mit der um sieben Jahren älteren Sängerin Jetty Treffz, die sich von ihrer erfolgreichen

Laufbahn ins Palais ihres Lebensgefährten, des reichen Barons Moriz Todesco, zurückgezogen hatte.

Nun ging Jean mit größter Umsicht ans Werk. Er ließ Eduard im Fasching 1861 als Balldirigenten und am 6. April 1862 als Kapellmeister debutieren; dabei zeigte er seine Aversion gegen Pepi noch einmal ganz unverhohlen und bestimmte, nur Eduard solle seine Kompositionen vortragen. Im Juli nahm Jean seinen schlechten Gesundheitszustand zum Anlaß, um vorzeitig aus Pawlowsk nach Wien zurückzukehren. Wieder wünschte er, von Eduard abgelöst zu werden. Aber diesmal widersetzte sich die Mutter und schickte Pepi nach Rußland.

Joseph Strauß war wütend, weil er aus seiner geordneten Tätigkeit jäh herausgerissen und – von Caroline getrennt wurde. Überdies erfuhr er erst in Pawlowsk, daß Jean nur nach Wien gedrängt hatte, um Jetty sofort zu heiraten! „Wißt *ihr* alle davon?“, fragte er verblüfft an. Man tröstete ihn mit der Zusage, er könne in den nächsten zwei Sommern auf die guten Einnahmen des Engagements in Rußland hoffen. Aber Jean dupierte den Bruder und erneuerte nach der Rückkehr von der Hochzeitsreise von Wien aus seinen alten Vertrag.

Da hatte Pepi nicht mehr die Kraft, neuerlich aufzubegehren. Die Pflicht, sich in Pawlowsk zu behaupten, hatte ihn erschöpft. *„Ich kann mir abermals das Maul abwischen und mich zu einem Auslaufer machen lassen“*, schrieb er resignierend nach Hause. Dann komponierte er eine Mazur und schrieb über die Noten: „Brennende Liebe.“ Dachte Joseph dabei an seine Caroline, oder wollte er einen ironischen Hinweis auf seinen so plötzlich für die Ehe entflammten Bruder geben? Man weiß es nicht. Denn den Kommentar zu dem Werk, die Erklärung dieses Titel, behielt er für sich.

Im Sommer 1862 mußte Joseph Strauß den Vergnügungspark der Wiener in Hietzing, die „Neue Welt“ – ihm widmete er den Abschiedswalzer „Neue-Welt-Bürger“ – mit dem Ausflugsziel der Bewohner von St. Petersburg, Pawlowsk, vertauschen und im „Vauxhall“, dem großzügigen Bahnhofsgebäude (Bild oben), konzertieren.

K. K.

Volks=Garten.

In den für die Wintersaison abgeschlossenen Räumen

Sonntag den 17. Oktober 1858

FEST-CONCERT

zum **BENEFICE** des

J. Strauß

unter Mitwirkung eines

Männerchores von 30 Stimmen.

Hierbei besonders zu bemerken:

1. **Flattergeister**, Walzer von Josef Strauß. 2. **Waldröslein**, Polka-Mazurka von Josef Strauß. 3. **Quadrille** (neu zum ersten Male) von Josef Strauß.

Ferner:

„An die Nacht,"

Tongemälde für Chor und Orchester von Josef Strauß (neu zum ersten Male.)

Duett und Finale aus der Oper „Der fliegende Holländer", von R. Wagner (neu).

(Hier noch nicht gehört.)

Die Aufführung des Tongemäldes „An die Nacht" erfolgt gegen 6 Uhr.

Die Programme werden an der Kassa ausgegeben.

Anfang 4 Uhr. **Eintritt 20 kr. CM.**

Findet auch bei ungünstiger Witterung statt. **Josef Strauß.**

Ein typisches Joseph Strauß-Programm: eine Novität von Richard Wagner, drei neue Tanzweisen und das (verschollene) Tongemälde „An die Nacht".

Jetty und Jean: Seiner um sieben Jahre älteren Frau zuliebe trug der Herr Hofball-Musikdirektor ab 1863 einen Backenbart.

Joseph, 1865, zwölf Jahre nach seinem Debut als Kapellmeister: gezeichnet von Krankheit und Überanstrengung.

VI

DYNAMIDEN

Es half ganz und gar nichts, daß Joseph Strauß 1862 beim ersten Konzert nach seiner Rückkehr aus Pawlowsk das Publikum mit „Freudengrüssen“ empfangen wollte: die Lage in der Familie war so verworren, daß zunächst einmal im Hirschenhaus Ordnung gemacht werden mußte, ehe Pepi überhaupt zur Geige greifen und seinen besonders beschwingten und eleganten Begrüßungswalzer aufspielen konnte. Jean war aus Italien ebenso erschöpft zurückgekommen, wie er im August auf Hochzeitsreise gefahren war. Die Flitterwochen in Venedig waren zum Kuraufenthalt geworden, und Jetty hatte ihre Ehe als Pflegerin ihres Gatten beginnen müssen. Jetzt drängte sie energisch darauf, daß ihrem Mann seine Ersparnisse ausbezahlt wurden und daß sie zusammen mit Jean das Hirschenhaus so bald wie möglich verlassen konnte. Im Gegensatz zu Caroline hatte sie keine Lust, in die Großfamilie Strauß aufgenommen zu werden. Jetty wußte auch zu berichten, daß die Ärzte ihrem Gatten empfohlen hatten, vorerst möglichst nicht mehr zu komponieren, weil seine „Kopfneuralgien“ größtmögliche Schonung erforderlich machten. Da vergaß Joseph Strauß sofort allen Ärger und stellte sich pflichtgetreu darauf ein, die im Karneval fälligen Widmungen selbst zu schreiben.

Aber auch das geplante Saison-Eröffnungskonzert im fashionablen Wintergarten des Dianabades kam nicht zustande: Der arrogante Benjamin der Familie, den die Wiener seit seinem Debut nur noch den „schönen Edi“ nannten, hatte sich mit dem Pächter des Etablissements zerstritten und damit dieses Nobellokal für die Kapelle verloren. Es war übrigens nach dem Weghuberschen Kaffeehausgarten im Sommer schon das zweite. Es blieb nichts anderes übrig, als noch einmal auf das schon seit geraumer Zeit in unaufhaltsamem Abstieg begriffene „Sperl“-Lokal zurückzugreifen. Dort zu überwintern, war zwar nicht verlockend, weil allein schon die Rücksichtnahme auf das im Sperl vor allem auf Amüsement bedachte Publikum das Niveau der Konzerte drückte; aber man konnte nicht wählerisch sein, wenn man im Geschäft bleiben wollte. Die Konkurrenz der zahlreichen gut geschulten Militärmusikkapellen wurde von Jahr zu Jahr deutlicher spürbar, die Zahl der Zivilorchester ging rasch zurück.

So erschien Joseph Strauß also erst am 9. November 1862 im „Sperl“ wieder an der Spitze der Kapelle und spielte von seinen in Pawlowsk entstandenen Kompositionen nur die populären auf: neben der Polka Mazur „Brennende Liebe“ und der Schnellpolka „Vorwärts“ den kostbaren Widmungswalzer „Freudengrüße“ und jenen lustigen „Japanesischen Marsch nach chinesischen Originalmelodien“, den Pepi anläßlich des allerersten Auftretens einer japanischen Gesandtschaft in St. Petersburg geschrieben hatte. Die wertvolleren Arbeiten dieses Sommers, darunter mehrere symphonische Skizzen, blieben unaufgeführt. Da Haslinger sie nicht druckte, blieben sie in Wien unbekannt.

Nur mit Mühe konnte Mutter Anna die Ruhe in der Familie wiederherstellen. Die Eintracht war umso notwendiger, als am 8. Jänner 1863 auch Eduard heiratete und nun bereits – Jean und Jetty vorerst eingerechnet – mindestens zehn Personen von den Einnahmen der Kapelle lebten! Übrigens fiel Johann wenig später tatsächlich als Komponist aus – nur den Walzer „Leitartikel“ für den ersten Ball der einflußreichen Journalisten- und Schriftstellervereinigung „Concordia“ schaffte er seltsamerweise doch –, sodaß Joseph zum ersten Male die Hauptlast als Serienproduzent der Faschingsnovitäten zu tragen hatte. Er entledigte sich dieser Aufgabe, voll Stolz darauf, gebraucht zu werden, mit gutem Gelingen: mit der Schnellpolka „Auf Ferienreisen“ schrieb er für den Studentenball, dessen Reinertrag für eine Urlaubsaktion bestimmt war, sogar einen heute noch beliebten „Reisser“. Auch für einen vielbelachten Faschingsjux sorgte er im Verein mit seinen Brüdern: beim Benefizball im Sophiensaal verulkten die überzeugten Wagnerianer – den „Walkürenritt“!

Im Februar erhielt Johann Strauß, nachdem er nochmals „unterthänigst“ darum gebeten hatte, den ersehnten Titel „Hofball-Musikdirektor“; er hatte allerdings gleichsam als Preis dafür anbieten müssen, künftighin nur noch bei Hof- und Nobelbällen aufzugeigen, im übrigen aber „höchstens“ im k. k. Volksgarten zu konzertieren! Damit hatte er den Anspruch aufgegeben, gleich seinem Vater „Vorgeiger aller Wiener“ zu sein. Auch in diesem Falle mußten also die Brüder einspringen, um – solange es gehen mochte – die ganze Breite des Wiener Lebens abzudecken. Im Frühjahr reisten Jean und Jetty dann gemeinsam nach Pawlowsk, mehr zur Erholung diesmal als zur Arbeit. Aber im Verlauf des Sommers entwickelte sich aus scheinbar nichtiger Ursache – Strauß fühlte sich bei der Abrechnung einer Schuld übervorteilt – ein tiefgreifender Konflikt mit dem

Verlegerehepaar Haslinger; schließlich entstand eine so entschiedene gegenseitige Abneigung, daß sie nicht mehr überbrückt werden konnte. (Eduard gab später Jetty die Schuld an dieser Entwicklung.) Gegen Haslingers Taktik, seinen Wiener Kollegen jede Verbindung mit den Brüdern Strauß zu untersagen, wehrte sich Jean damit, daß er um die Verleihung einer Konzession als Musikalienhändler ansuchte und ein „G'wölb" am Kohlmarkt mietete. Daraufhin „durfte" der Verleger Spina zunächst Johann und Joseph, später auch Eduard Verträge „anbieten", die ihn innerhalb weniger Jahre zum reichen Mann machten!

Aber Haslinger ging weiter: Er präsentierte als Konkurrenten im November 1863 den blutjungen Carl Michael Ziehrer. Das war zunächst recht bedeutungslos, weil der schüchterne „Michi" trotz aller Hilfen, die der Verleger ihm angedeihen ließ, als Musikdirektor gegen die Brüder Strauß nicht zu bestehen vermochte. Später aber, nach Josephs frühem Tod und Jeans Abwanderung ins Lager der Operettenkomponisten, wurde Ziehrer doch noch Wiens populärster Kapellmeister.

Im Hause Strauß verfolgte man die Entwicklung der Dinge zunächst mit einiger Besorgnis, aber nur Joseph lehnte sich gegen die Taktik der Familie auf. Es half ihm nichts; die Mutter, die immer noch die Seele des Geschäftes war, weil weder Pepis Gattin Caroline noch die junge Frau Eduards, Marie, sich in ihre Entscheidungen einzumischen wagten, kanzelte ihn rüde ab. Statt auf seine Vorwürfe einzugehen, murrte sie: *„Ich kann nichts dafür, daß dir unser Fleisch nicht schmeckt!"* Und Pepi fügte sich gehorsam.

Das Jahr 1864 begann mit einem Knalleffekt. Jacques Offenbach hatte den Wiener Journalisten für ihren zweiten

Johann Strauß

Joseph Strauß

Eduard Strauß

Bei der Carnevalsrevue 1864 spielten auf: Johann sechs Novitäten, Joseph neun, Eduard drei. Achtzehn neue Tänze entstanden also in knapp sechs Wochen. (Im „Rekordjahr“ 1867 wurden es fünfundzwanzig!)

Ball eine Walzerwidmung versprochen und dafür den Titel „Abendblätter“ vorgeschlagen. Sogleich wurde Johann Strauß aufgefordert, ein Gegenstück unter der Devise „Morgenblätter“ zu komponieren. Am 12. Jänner kam es im Sophiensaal zum „Walzerwettstreit“ zwischen dem Pariser und dem Wiener Komponisten. Was man am Ballabend aus Höflichkeit nicht aussprach, erwies sich einige Tage später bei der öffentlichen Aufführung der beiden Werke im Volksgarten: der Sieg gehörte unbestreitbar den „Morgenblättern“! Doch die Kapelle Strauß erwies sich als ritterlich. Sie trat im Februar 1864 mit besonderem Eifer für die Musik der Offenbach-Oper „Die Rheinnixen“ ein, die im Kärntnertortheater abgelehnt worden war. „Rein nix“, spotteten die Wiener. Aber die Brüder Strauß hielten sie in Ehren.

Über den wenigen Festen des Sommers 1864 lagen die Schatten des unpopulären im Verein mit Preußen geführten Feldzugs gegen Dänemark. Die Brüder Strauß erfüllten ihre „patriotische Pflicht“, indem Johann vor seiner Abreise nach Pawlowsk einen „Deutschen Kriegermarsch“ und unterwegs in Berlin auch noch einen „Verbrüderungsmarsch“ präsentierte, Joseph ebenso oberflächlich dem österreichischen Kommandanten in Schleswig mit einem „Gablenz-Marsch“ huldigte und schließlich im November die zurückkehrenden Truppen mit einem „Einzugsmarsch“ empfing und alle drei „Sträuße“ das Erträgnis einiger Kompositionen und Sommerveranstaltungen „für verkrüppelte Krieger“ zur Verfügung stellten. Im übrigen war gerade in diesen Monaten jeder um die Lösung seiner eigenen Probleme bemüht.

Johanns Genesung machte nur langsame Fortschritte. Joseph aber versuchte zum ersten Male, sich vorsichtig aus dem engen Familienverbande zu lösen. Bisher waren alle seine tastenden Bemühungen ergebnislos geblieben, einen Impresario zu finden, der ihm Gastkonzerte etwa in Paris oder London vermittelt hätte. Wenn Jean von derartigen Plänen erfuhr, wußte er sie – von der Unselbständigkeit seines Bruders überzeugt – stets zu vereiteln. Nun aber war es Pepi doch gelungen, in Breslau einen Unternehmer zu finden, der für ihn ein Orchester zu organisieren und für einen Saal mit einem Fassungsraum von dreitausend Personen zu sorgen versprach. Begeistert schloß Joseph mit ihm einen Vertrag für Oktober 1864 ab.

Die Aussicht, endlich einmal dem Beispiel Jeans folgen und fern von Wien Triumphe feiern zu können, beflügelte Joseph so sehr, daß er mitten aus der Routine recht belangloser Sommerkompositionen heraus mit zwei Werken aufwartete, die wieder einmal die tiefreichende Vielschichtigkeit seiner Begabung deutlich machten: Bei einem Festkonzert im Volksgarten spielte er am 9. September 1864 nacheinander die Walzerpartie „Dorfschwalben aus Österreich“ und die Polka-Mazur „Frauenherz“ auf.

Das Pastellgemälde des „Dorfschwalben-Walzers“ spiegelt eine literarische Vorlage wider. Der aus Ungarn gebürtige Schriftsteller August Silberstein, mit dem Joseph Strauß seit Jahren bekannt und befreundet war, hatte einen Band Dorfgeschichten veröffentlicht, denen eine in der Theaterzeitung „Zwischenakt“ zitierte Kritik nachrühmte: „*Sie spiegeln das tiefe Gemüth und den heiteren Humor in unserem Volksleben wider, belebt durch Gestalten von Kraft und Anmut. Das Buch geht bereits durch alle Salons.*“ Auch Joseph Strauß hatte den Novellenband „Dorfschwalben aus Österreich“ in die Hand bekommen und war durch die Lektüre zu einer harmonisch aufeinander abgestimmten Walzerfolge angeregt worden. An eine Introduktion, deren schwebende Ländlermelodie sich über einer charakteristischen Volksmusikbegleitung erhebt, schließt sich als anmutige Tonmalerei ein zwitscherndes, ruhig dahingleitendes Walzermotiv, das ganz von selbst überleitet zu einer Reihe von Melodien, die allesamt der österreichischen Folklore entlehnt sein könnten, hätte sie Joseph Strauß nicht in genialer Einfühlung „erfunden". Keinen Augenblick verliert der Komponist sich in bloße Naturschwärmerei, stets bleibt seine Inspiration auf dem Boden der Volksmusik.

Mit den „Dorfschwalben aus Österreich" kehrte Joseph Strauß noch einmal zu den „Walzern im Ländlerstyl" zurück, wie er sie in Ungers Casino in Hernals hatte aufspielen müssen. Die weitläufigen Anlagen des Etablissements waren indessen parzelliert worden und der neue Inhaber des verkleinerten Lokals hatte „lieber billiges Bier als teure Musik" angepriesen; aber nun holte Joseph Strauß dieses Genre an die unmittelbar vor ihrer Fertigstellung stehende Wiener Ringstraße, veredelte die Motive durch seine reife Kunst: ein neuer Walzertypus war entstanden, den Johann Strauß erst vier Jahre später mit seinen „Geschichten aus dem Wienerwald" aufgreifen sollte.

Auch die Polka Mazur „Frauenherz" ist eher ein kleines Tonbild als ein Tanz. Joseph Strauß hatte sich ja vom Beginn seiner Komponistenlaufbahn an so nebenbei die Aufgabe gestellt, Frauencharaktere mit kleinen Kompositionen, denen zumeist Polkarhythmen zugrunde lagen, auszudeuten: eine „Naive" gab es da und eine „Amazone", eine „Kokette" und „La chevaleresque" – nun zog Pepi, wohl seiner mit selbstvergessener Zärtlichkeit geliebten Frau Caroline zu Ehren – eine Art Zwischenbilanz, eine galante Analyse *aller* Frauenherzen. Und allein schon die Zartheit, mit der er dabei zu Werke ging, ist bewundernswert.

Am 9. Oktober 1864 gab Joseph Strauß im Volksgarten sein Abschiedskonzert und reiste nach Breslau. Am Allerheiligentag war er wieder zurück und lancierte in den Journalen, die Reise sei sehr erfolgreich gewesen. Aber in seinen Briefen liest man es anders:

„Der Saal ist hübsch, faßt jedoch nicht 3000 Personen, wie man sagte, sondern 800–1000. Der Mann, der die Kapelle zusammenstellte war zugegen, wir besprachen uns, und wenn es gut geht, so ist Donnerstag das erste Konzert." –

„Nach zweimaligem Auftreten schildere ich Dir das ganze Geschäft hiemit. Ich habe ein sehr schlechtes Orchester, das mir das Repertoire sehr beschränkt. – Wenn der Unternehmer nicht nachläßt, reise ich augenblicklich ab."

„Ich pausiere jetzt 6 Tage, weil diese Woche Breslau überhäuft mit Concerten etc. ist und ich dadurch Schaden hätte. Wenn es gut geht, so bringe ich meine Reisekosten und vielleicht die Sparcassenpapiere heraus. Mache mir keine Vorwürfe. . . was spricht Mama?"

„Ich muß Dienstag noch ein Abschieds-Concert geben, worauf ich jedoch keinen Anspruch auf Profit machen will. – Jean ist nicht angekommen . . ."

Der Versuch, sich von der Familie zu lösen, war also mißglückt.

Nach seiner Rückkehr aus Breslau suchte Pepi, wie es seinem scheuen, ganz und gar nicht kämpferischen Wesen entsprach, sein Versagen als Organisator und „Faszinator am Dirigentenpult" durch verstärkte Anstrengungen auf jenen Gebieten wettzumachen, die zu betreuen er sich vor zehn Jahren vorgenommen hatte. Er trug es mit Fassung, daß Jean jetzt erst recht darauf bestand, an seiner Stelle müsse im kommenden Frühling Eduard nach Pawlowsk reisen und dort die erste Hälfte der Saison dirigieren. Daß

Jean nicht selbst würde schon im April an die Newa fahren können, stand fest: die „nervösen Erschöpfungszustände“, die von den Ärzten zwar regelmäßig konstatiert, aber nicht beseitigt werden konnten, hielten weiterhin an.

Wie energisch und intensiv sich Joseph Strauß nun an die Erfüllung „seines Programmes“ machte, ist dem Repertoire seiner Konzerte und dem Ballkalender des Jahres 1865 zu entnehmen. Es verging nun kaum eine Woche, in der nicht ein neues Potpourri, eine Transkription (Lieder von Schumann und Schubert, aber auch Sätze aus Beethoven-Sonaten und Konzertstücke von Liszt, Berlioz und Schumann) oder ein neues Arrangement aus der Opernsphäre vorgetragen wurden. Und für die Nobelbälle des Karnevals 1865 bereitete er Widmungen vor, die zwar die Walzerform respektierten, aber in ihren Melodien und Harmonien seinem Ideal sich deutlich näherten: für die Mediziner schrieb er eine Partie mit dem Titel „Herztöne“, die mit einem nervösen, zuckenden Walzermotiv einsetzte, das eher eine gespenstische Vision war als der Beginn eines „berückenden, berauschenden Wiener Tanzes“. Und für den Ball der Industriellen Gesellschaften komponierte Joseph Strauß einen Walzer, der allein schon durch den vorgegebenen Titel „Geheime Anziehungskräfte“ seine latente Neigung zu mystischem Glauben an unheimliche, überirdische Mächte, die sich hinter den nur scheinbaren Realitäten des Lebens verbargen, geradezu herausforderte. Noch ehe er die erste Note niederschrieb, übersetzte Joseph den Titel in die Sprache seiner Poesie: „Dynamiden“. Dann komponierte er ein visionäres Tonbild als Einleitung: ein leiser Anruf weckt in romantischer Empfindsamkeit ein Gefühl der Sehnsucht, eine mächtige Steigerung zwingt es zu voller Entfaltung! Dann leitet eine behutsame, verhaltene Passage zum Walzer hin, der abermals ganz leise, wie von fern her tönend, einsetzt; endlich eröffnet ein Aufschwungmotiv den Reigen, aber es sinkt sogleich wieder ab; es erhebt sich abermals, scheint neuerlich zu ermatten und wird nur durch den festen Rhythmus der Begleitung vorwärtsgetrieben; es wendet sich elegisch in Moll, aber gerade aus der Melancholie heraus erhebt es sich endgültig zu einem strahlenden Triumph!

Mit achttaktigen Motiven, artig aneinandergereiht, hatte Strauß-Vater seine „Täuberln-Walzer“ präsentiert, nun spannte sein Sohn die Vision der „Dynamiden“ über 42 Takte aus, und nach einer abermals in kühnen Klangfarben hingemalten Ergänzung von zweimal 16 Takten wölbte er den weiten Bogen gleich noch einmal. Es war eine Architektur in Tönen, die sich im Tanzsaal seltsam genug ausnahm. Aber das Publikum der Wiener Nobelbälle hatte indessen gelernt, Strauß-Walzern gebührend zu begegnen. Es verstand sich nun dazu, den althergebrachten Begriff „*die* Walzer“ (= die Walzer-Kette bzw. Walzer-Partie) in „*der* Walzer“ abzuändern, weil man die Kompositionen als in sich geschlossene Einheit begriff und daher die Sprache sich ganz von selbst diesem Verständnis anpaßte. Und überdies fand man sich indessen bereit, „die erste Production eines Walzers auch im Ballsaal zu hören, ohne zu tanzen, um den Künstler zu ehren“. Die „Neue freie Presse“ wies in einem Bericht anno 1866 ausdrücklich darauf hin: „Dies ist eine Spezialität Wiens der hervorragendsten Art.“ – Daß der Platz solcher Kompositionen nicht nur der Ballsaal ist, hat später Richard Strauss bezeugt, als er ein ähnliches Aufschwungmotiv, wie Joseph Strauß es in den „Dynamiden“ entfaltet hatte, in seiner Oper „Der Rosenkavalier“ anklingen ließ.

Als hätte ihn die Produktion seiner genialen Visionen im

Karneval 1865 erschöpft, fiel Joseph Strauß plötzlich an seinem Schreibtisch zusammen und blieb, obwohl sehr rasch ärztliche Hilfe zur Stelle war, mehrere Stunden lang ohnmächtig liegen. Heftige Kopfschmerzen waren dem Anfall vorangegangen. Aber man sprach abermals bloß von „Nervenexaltationen" und „Kongestionen", die halt „ein Zeichen von Erschöpfung" seien, und verordnete Pepi einen Urlaub. Doch auch den trat er erst an, als Eduard, aus Pawlowsk zurückgekehrt, das „Wiener Geschäft" übernehmen konnte.

Im Frühling aber war Joseph Strauß eifriger tätig denn je. Gleich nach dem ersten Schubertkonzert der Wiener Philharmoniker nahm er die „Ouvertüre im italienischen Stil" und das Vorspiel zu „Rosamunde" ins Repertoire der Kapelle auf und präsentierte aus Anlaß der hindernisreichen „Tristan"-Premiere in München abermals drei Fragmente aus dieser Oper in der Wiener Vorstadt!

Schließlich ließ er das Schubert- wie das Wagner-Erlebnis einfließen in seinen kostbarsten Walzer. Im Fasching hatte er den Juristen die „Actionen" zugeeignet, nun wollte er darauf hinweisen, daß sein eigentliches Reich von einer anderen Welt sei – daher schrieb er über die neue Partitur den Titel „Transactionen"! Denn sie enthielt eine Tondichtung, die abermals den Rahmen des klassischen Wiener Walzers sprengte. Wieder spannte sich ein riesiger Bogen über kühne Harmonien, thematische Verflechtungen und eigenwillig schwingende Rhythmen. Die Schwelle des Überganges zum „symphonischen Walzer" war erreicht, wenn auch noch nicht überschritten! Diesmal wartete Pepi die Reaktion der Journale auf sein Werk nicht ab, sondern verreiste nach der Uraufführung. Es kam auch keine: „Transactionen" waren nur an der Börse gefragt.

VII

WIENER LEBEN

Op. 218

Der Erholungsurlaub, den Joseph Strauß im August 1865 antrat, war sein erstes Ausspannen seit seiner Rückkehr vom Land im Herbst 1854. Seine Frau, die immer wieder mit wechselndem Erfolg versucht hatte, Pepi zu Spaziergängen in den Prater oder den Wienerwald anzuregen, begleitete ihn. Beide waren – im Gegensatz zu allen übrigen Mitgliedern der Familie – ausdauernde Fußgänger und wagten sich sogar an die Besteigung des Traunsteins bei Gmunden, was zu dieser Zeit durchaus noch ein Abenteuer war. Pepi hat diese Kletterei, bei der sich übrigens die schlecht ausgerüstete Caroline Blasen an den Füßen holte und das mitlaufende Hündchen getragen werden mußte, in einem amüsanten Brief geschildert:

„... *wir betraten eine Felsenstiege, gefährlich, weil sie angesichts des Traunsees steil aufwärts führt zum Eingang in eine Holzschwemme. Diese Rinne geht natürlich über Berg und Tal, Höhe und Abgrund, unten schauerliche Tiefe mit Wassersturz, oben Föhren, Fichten, Felsen und Steine, die jeden Augenblick abzustürzen drohen. – Wer uns gesehen hätte, von neun bis halb eins, bei klarem Himmel, einer Hitze von 30 Grad emporkletternd, lechzend, keuchend, der müßte geglaubt haben, wir holen uns eine Million* ...“

Pepi, der im Frühjahr so leidend ausgesehen hatte, daß die Freunde über sein Aussehen erschraken, gönnte sich nur sechs Wochen Entspannung, dann zog ihn die Sorge um das Wiener Geschäft an die Spitze der Kapelle zurück. Schon am 17. September 1865 nahm er in der „Neuen Welt" seinen Frondienst wieder auf. Dem jähzornigen und dann gefährlich streitsüchtigen Eduard war nicht zu trauen! Auch Jean hatte indessen nicht gerade die besten Erfahrungen mit ihm gemacht: Der „schöne Edi" hatte als sein Stellvertreter in Pawlowsk das elegante Publikum der Hauptstadt eher abgestoßen als in die Konzerte gelockt. Jean berichtete darüber verärgert nach Hause:

„Eduard wurde von den Pawlowsker Weibern und den jungen Buben getragen – die Casse der Eisenbahndirection blieb in dem traurigsten Stande, und daher waren die Directoren trotz allen Jubels (von Seiten des Weibervolks) vollkommen teilnahmslos. Ihre Gunst kann man nur erringen, wenn's Geld regnet . . ."

Jean versuchte also, in rascher Abänderung seiner früheren Einstellung, nunmehr seinen Einfluß zugunsten Pepis geltend zu machen und diesen als seinen Nachfolger zu etablieren, da er selbst in den kommenden Sommern nicht nach Rußland reisen wollte. Dazu war es aber viel zu spät. In Pawlowsk war man bereits zum Wechsel entschlossen und engagierte einen Musikdirektor aus Hamburg.

So waren im Schicksalsjahr der Donaumonarchie, 1866, alle drei Brüder in Wien und leiteten – zum ersten und einzigen Male in der Geschichte des Orchesters – in der Sommer- und in der Wintersaison gemeinsam die Konzerte. Der „Weltruf der Straußkapelle", den der Chronist Friedrich Uhl am Tage von Josephs Wiederauftreten in einem seiner Meisterfeuilletons ausdrücklich hervorhob, wurde dadurch aufs schönste bekräftigt. An eine solche Zusammenarbeit auch in der Zukunft war allerdings nicht zu denken. Ein einziger Blick ins Kassabuch des Unternehmens ließ erkennen, daß dieser ideale Zustand nicht aufrechtzuerhalten war. Gewiß – die Anzahl der attraktiven Etablissements war von Jahr zu Jahr größer geworden. An der am 1. Mai 1865 feierlich eröffneten Ringstraße hatte das Volksgartencafé im prächtigen „Blumensaal“ der Gartenbaugesellschaft ein Gegenstück gefunden, in der Leopoldstadt hatte sich der noble „Dianabadsaal“ zum absinkenden „Sperl“ gesellt, in Fünfhaus war es dem wagemutigen Unternehmer Carl Schwender geglückt, aus einem baufälligen Kuhstall das riesige Vergnügungszentrum „Colosseum“ zu machen; er hatte damit die trotzdem weiterbestehende „Bierhalle“ ebenso ergänzt wie mit seinem Sommergarten „Neue Welt“ das kleine, aber nach wie vor in höchstem Ansehen stehende „Casino Dommayer“. Doch in keinem dieser Etablissements, Parks und Gasthäuser waren für die

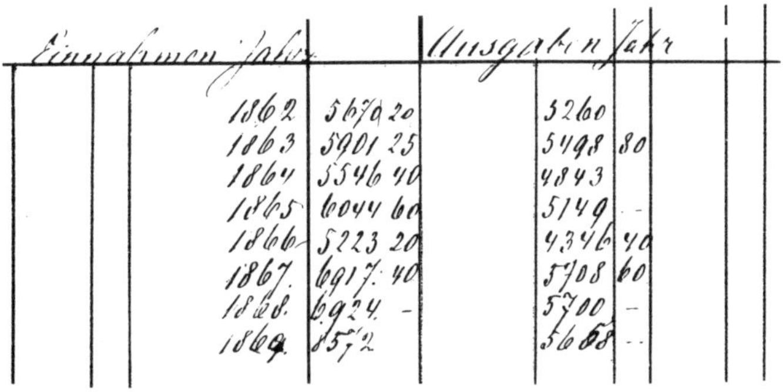

Einnahmen Jahr			Ausgaben Jahr	
1862	5670	20	5260	
1863	5901	25	5498	80
1864	5546	40	4843	
1865	6044	60	5149	-
1866	5223	20	4346	40
1867	6917	40	5708	60
1868	6924	-	5700	-
1869	8572		5658	..

Aus seinen mit größter Sorgfalt geführten Kassabüchern zog Joseph Strauß alljährlich die Bilanz: Wenn er die Ausgaben von den Einnahmen abrechnete, blieb nicht allzuviel übrig!

konzertierenden Kapellen hohe Einnahmen zu erzielen; die Musik galt immer noch als Zugabe zu Speis' und Trank, und die Musikdirektoren mußten hübsch bescheiden sein, wenn sie sich behaupten wollten. Die Aufgeigerei war zu einem „Kreuzerlgeschäft" geworden.

Die Ziffernkolonnen der Kassenbücher bestätigen aber auch exakt, daß die Zugkraft der Wiener Kapelle unter dem Dirigentenwechsel in all den Jahren kaum einmal gelitten hatte. Eduard Strauß hatte gleich bei seinem Debüt das Publikum durch seine unbeirrbare Sicherheit verblüfft und beeindruckt. Joseph machte das Fehlen der Eleganz der äußeren Erscheinung, das ihm zuerst ein peinigendes Minderwertigkeitsgefühl bereitet hatte, allmählich dadurch wett, daß er den Wienern, vor allem den Frauen und Mädchen, in zunehmendem Maße als Urtyp des „romantischen Künstlers" erschien. Seine ernstblickenden, dunklen Augen, die hohe, blasse Stirn und der volle sinnliche Mund unterstrichen die Macht seiner Persönlichkeit. *„Fesch ist der Pepi nicht"*, so hieß es, *„aber dafür ist er interessant!"* Sein Fleiß und auch sein Mut wurden allgemein anerkannt. Denn Pepi wagte, wozu Jean sich zeitlebens nicht bereitfinden wollte: er ließ sich auf Pressepolemiken ein. Als etwa die „Vorstadt-Zeitung" behauptete, er kämpfe mit unfairen Mitteln gegen Konkurrenten, wehrte sich Pepi, ohne die Hilfe der Gerichte anzurufen, so geschickt und energisch, daß das einflußreiche Journal zurückstecken mußte.

Nur eine Marotte erlaubte sich Joseph Strauß: er haßte ausgerechnet den Volksgarten, obwohl sich gerade dort, im eleganten Salon inmitten der „grünen Insel" an der Ringstraße, jenes Publikum einfand, das auch die anspruchsvollsten Programme zu würdigen wußte. Pepi schrieb dem

Pächter des Volksgartenetablissements, Herrn von Szabó, einen trotz der amüsanten Diktion recht verärgerten Brief:

„Um zwei Dinge habe ich Sie dringend zu ersuchen. Das erste ist: daß Sie die Güte hätten und an der Eingangsthür zur Kapellmeisterhundehütte ein Schloß mit Schlüssel geben möchten, da das Publikum von außen öfter an diese Thür kommt und sie trotz des Widerhakens aufreißt, daher unsere Kleidungsstücke etc. zur allgemeinen Ansicht bereit liegen und daher auch abhanden kommen können.

Das zweite ist: es regnet sehr stark in die Hütte hinein. Der Kapellmeister kann daher bei E. W. nie aufs Trockene kommen. –

Ich hatte gestern nach Beendigung des Concerts nicht das Vergnügen, Sie zu sehen, um ihren geneigten Entschluß über meine Vorschläge entgegenzunehmen. Das gestrige Concert lasse ich Ihnen mit 120 f. Theilen Sie mir doch Ihren endgiltigen Beschluß mit, damit wir zur beiderseitigen Zufriedenheit, in Eintracht, Güte und Sanftmuth, Demuth und Duldsamkeit unsere Geschäfte abwickeln. Leben Sie wohl! Tyrann!"

Strauß.

Nun – an einer dieser Tugenden dürfte es beiden Kontrahenten wenigstens vorübergehend gefehlt haben, denn die Kapelle zog sich von März 1861 bis Mai 1862 aus dem Volksgarten zurück. Dann freilich herrschte sie wieder viele Jahre hindurch an diesem bevorzugten Treffpunkt der noblen Gesellschaft.

Interessant ist auch ein Blick in die Bücher des Verlegers Haslinger. Ihnen ist zu entnehmen, daß die Kompositionen Josephs stets zahlreiche Interessenten fanden, wenn Pepi auch die Verkaufsrekorde etwa der „Annen-Polka“ seines Bruders im ersten Jahrzehnt seiner Tätigkeit nicht erreicht hat. Die Honorare, die ihm zugestanden wurden, waren nicht gerade als fürstlich zu bezeichnen. Der Verleger ließ Joseph Strauß vom Jahre 1860 an je 150 Gulden österreichischer Währung für eine Partie Walzer, 90 Gulden für eine Polka, 30 Gulden für einen Marsch und 100 Gulden für eine Quadrille aus Originalmelodien (Quadrillen nach Opern-, später Operettenmotiven brachten nur 90 Gulden!) anweisen. Von 1862 an erhielt Pepi für eine Polka ebenfalls 100 Gulden. Die Zahl der Kompositionen, die der Verleger zu diesen Bedingungen abzunehmen sich verpflichtete, war begrenzt. Die Werke gingen in sein ausschließliches Eigentum über. Etwas besser zahlten die russischen Verleger in Petersburg, und auch Carl Anton Spina erhöhte die Honorare der Brüder Strauß. Dennoch konnte er Welterfolge wie den „Morgenblätter“-Walzer oder die „Dorfschwalben aus Österreich“ gegen einmalige Bezahlung von etwa 200 Gulden an sich bringen. Prozente vom Umsatz oder gar Tantiemen standen den Tanzkomponisten damals nicht zu!

Auch wenn man alle Einnahmemöglichkeiten zusammenrechnet, ergibt sich für das „Concertunternehmen Straußkapelle“ ganz und gar keine Chance, drei Familien nebst Mutter, Schwestern und Dienstpersonal von den Erträgnissen einer noch so angespannten Tätigkeit zu erhalten. Daher hatte Jetty Strauß unmittelbar nach ihrer Hochzeit mit der Herauslösung ihres Gatten aus der Familie begonnen. Sie drängte ihn – *„er fühlt nicht den Druck, somit geht alles von selbst“*, schrieb sie in einem Brief offenherzig –, das Walzergeschäft aufzugeben und Operetten zu komponieren. Jean sträubte sich zunächst, aber da Jetty nicht lockerließ und die

Sache geschickt einfädelte, folgte er dem Rat zuletzt doch. Übrigens scheint auch Joseph Strauß, zumindest vorübergehend, mit dem Gedanken gespielt zu haben, Volksstücke zu schreiben oder Operetten zu komponieren. Die in einigen Journalen veröffentlichte Meldung, er habe einen Vertrag mit dem Carltheater abgeschlossen, wurde nicht dementiert, und in seinem Nachlaß fand sich sogar der Entwurf für ein Volksstück mit Gesang in drei Akten. Es führt den Titel „Eine wahre Wienerg'schicht (von Schottenfeld)“ und es besteht kein Anlaß, ihm die Autorschaft nicht zuzutrauen!

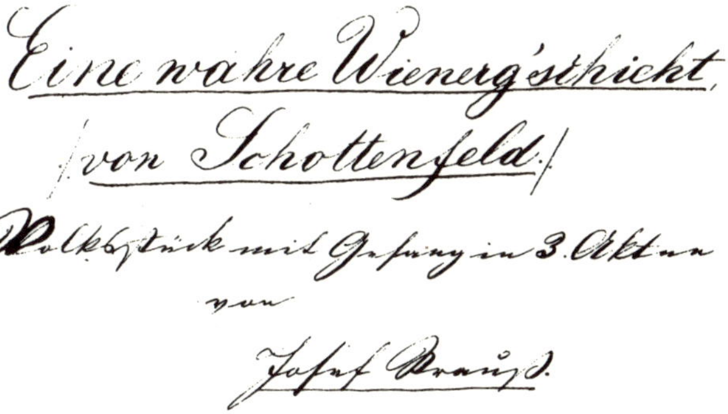
Eine wahre Wienerg'schicht
(von Schottenfeld)
Volksstück mit Gesang in 3. Akten
von
Josef Strauß.

Als die Brüder Strauß im Herbst 1865 darangingen, die Widmungskompositionen für den kommenden Karneval vorzubereiten, schlug Johann vor, künftighin „keine problematischen Sachen“ mehr zu komponieren, sondern lieber zum „klassischen Walzer“ zurückzukehren. Als es sich herausstellte, daß beim Ball der Industriellen Gesellschaften im Jänner 1866 Pauline Fürstin Metternich, die Frau des österreichischen Botschafters in Frankreich, die Patronanz übernommen hatte, weil der Ertrag des Festes im Redoutensaal dem von ihr geplanten „Deutschen Hospital“ in Paris zufließen sollte, steuerte Jean – obwohl Pepi für diesen Ball zuständig war und bereits schwungvolle „Deutsche Grüße“ komponiert hatte – im letzten Moment auch seinerseits einen Walzer bei, und zwar einen „klassischen“: die „Wiener Bonbons“. Das wieder regte Joseph zu einer Widmung an die einflußreiche Fürstin Metternich an, zur Polka Mazur „Pauline“; und da diese ihm selbst (oder ihr?) nicht gefiel, schrieb er, als die Brüder im April 1866 Paris besuchten und ihre Arbeiten persönlich überreichten, gleich noch eine zweite „Paulinen-Polka“.

Damit wurde neuerlich ein Wettstreit zweier Musikdirektoren auf Wiener Boden eröffnet, wie er einst zwischen Lanner und Strauß-Vater stattgefunden hatte, nur daß diesmal – und das ist ohne Gegenstück in der Musikgeschichte! – zwei Brüder einander als Konkurrenten gegenüberstanden, die überdies gerade in diesen Jahren in schönster Harmonie zusammenarbeiteten! Bisher hatten Jean und Pepi sich nur gelegentlich darüber verständigt, bei besonderen Anlässen das eine oder andere Werk gemeinsam zu schreiben („Vaterländischer Marsch“, „Hinter den Coulissen“, „Monstre-Quadrille“). Nun war jeder bestrebt, auf das Meisterwerk des anderen mit einer entsprechenden eigenen Komposition zu antworten.

In den vergangenen Jahren hatte Joseph eindeutig die künstlerische Führung übernommen. Nun begann Johann mit der von ihm angeregten Rückkehr zum „klassischen Wiener Walzer“ die Richtung zu bestimmen. Pepi ging sofort darauf ein. Einmal ließ sich nicht übersehen, daß Jeans „Wiener Bonbons“ eher nach dem Gusto des Publikums ausgefallen waren als Pepis „Transactionen“, und zum anderen wußte er, daß er nun imstande war, alle erdenklichen „Walzercharaktere" exakt darstellen zu können. Seine künstlerischen Möglichkeiten waren den Fähigkeiten seines Bruders zumindest ebenbürtig.

Im Fasching 1866, den der sich immer deutlicher abzeichnende Konflikt mit Preußen noch kaum beeinträchtigte, kam es zu einem Rekord an neuen Kompositionen der Brüder Strauß. Bei der „Carnevalsrevue" am 18. Februar im Volksgarten erklangen nacheinander sieben Novitäten von Johann, neun von Joseph und fünf von Eduard Strauß. Das Publikum war von dieser Flut an Walzern, Polkatänzen und Quadrillen begeistert. Dem „Fremdenblatt" vom 19. Februar 1866 zufolge, war *„der Andrang zu diesem Konzert ein massenhafter. Die Musikanten bliesen und strichen unter der Leitung der Gebrüder Strauß wacker und animierend drauf los, so frisch und fesselnd, daß trotz der afrikanischen Hitze wenige Zuhörer ihre Plätze verließen und die Abgehenden stets durch neue Scharen ersetzt wurden. Es war ein Wunder, daß die Trompeten nicht zu Metallklumpen zusammenschmolzen . . ."*

Je weiter das Jahr fortschritt, desto geringer wurde allerdings das Interesse der Wiener, aber auch der Brüder Strauß selbst, an neuen Kompositionen. Der Besuch der Theater wie der Konzerte ging ständig zurück, und schließlich konnte auch das Auftreten des „Walzerkönigs" Jean den gewohnten Massenbesuch der Sommerkonzerte nicht gewährleisten.

Als der Krieg zwischen Preußen und Österreich unvermeidlich geworden war, verwandelte sich der sonst stets kosmopolitisch denkende Johann Strauß zum glühenden Patrioten. Er machte sogar dem Adjutanten des Kaisers den Vorschlag, eines seiner gemeinsam mit Jetty erworbenen

Häuser in Wien als Spital einzurichten. Das Angebot wurde zwar angenommen, aber die Ereignisse entwickelten sich so schnell, daß sie die Brüder Strauß bei ihren Bestrebungen, sich auf ihre gewohnte Weise einzuschalten, einfach überrollten. So wurde etwa der von Joseph zu Ehren des Kommandanten der Nordarmee, des Feldzeugmeisters Benedek, komponierte Huldigungsmarsch niemals aufgeführt! Johann wieder kündigte ein großangelegtes Corsofest im Prater an: da es zum ursprünglichen Termin, dem 17. Juni, nicht abgehalten werden konnte, wurde es auf den 24. Juni, und wegen anhaltenden Schlechtwetters auf den 1. Juli verschoben; es hieß nun „Siegesfeier". Aber Sturm und Regen erzwangen abermals eine Verlegung auf den 8. Juli. Da war aber Österreichs Niederlage bereits besiegelt, und so widmete man halt den Reinertrag des „Patriotischen Festes" wieder einmal – den verkrüppelten Kriegern.

Im Herbst kam das gewohnte „Wiener Leben" langsam wieder in Gang. Joseph Strauß war in seiner unfreiwilligen Muße zu einer Skizze angeregt worden, die er am 21. Oktober im Volksgarten präsentierte: Es war die bezaubernde Tondichtung (im Rhythmus einer Polka Mazur) „Die Libelle". Später folgte Jean mit dem verträumten Walzer „Feenmärchen" und mit der Polka „Wildfeuer", die ihren Titel aus dem Spielplan des Hofburgtheaters entlehnt hatte. Den Schlußstrich schien Joseph mit seinem Routinewalzer „Friedenspalmen" zu ziehen. Niemand konnte ahnen, was für eine grandiose Ernte aus den Eindrücken und Inspirationen des Jahres 1866 noch heranreifen würde.

Das Publikum registrierte nur, daß sich Pepi am Silvesterabend zu einer bezeichnenden Geste aufraffte: Er gab dem scheidenden Jahr mit seiner Schnellpolka „Farewell" gleichsam – einen Fußtritt!

VIII

HERBSTROSEN

Daß das Jahr 1867 für sie mit einer Herausforderung beginnen werde, war für Johann und Joseph Strauß seit geraumer Zeit vorhersehbar. Zunächst war Jean betroffen: der Wiener Männergesangverein beschloß, als Folge der Niederlage von Königgrätz gegen Preußen auf seinen nun schon gewohnten parodierenden „Narrenabend" im Fasching 1867 zu verzichten und dafür eine Liedertafel abzuhalten, in deren Rahmen Chorvorträge mit humoristischen Darbietungen abwechseln sollten. Da erinnerte man sich natürlich daran, daß Johann Strauß dem Verein schon im Sommer 1865 eine Walzerwidmung zugesagt hatte. Auf Betreiben seines Chormeisters Herbeck hatte sich der Verein damals zu einem gemeinsamen Konzert mit der Kapelle Strauß zusammengefunden, aber die überaus erfolgreiche Veranstaltung in der „Neuen Welt" mußte ohne Beitrag Jeans stattfinden, weil dieser aus Rücksicht auf sein Engagement in Pawlowsk die Komposition hinausschob. Für ihn war schließlich Pepi eingesprungen und hatte, wenn schon nicht für den Verein, so doch für das Rahmenprogramm eine Polkanovität „Verliebte Augen" beigesteuert.

Nun mahnte aber der Verein „seinen" Walzer energisch ein. Jean kramte unter seinen Skizzen und suchte den

Entwurf einer Komposition hervor, der er den Titel „An der schönen blauen Donau" zugedacht hatte. Geplant war eine ausgreifende Tonmalerei als Introduktion, auch das ganz einfach aufsteigende Hauptthema des Walzers lag schon fest, und wenn man die erhaltenen flüchtigen Skizzen richtig deutet, kann man darauf schließen, daß auch die ausgedehnte Coda bereits von Anfang an feststand. Da der Männergesangverein aber ein Vortragsstück und keinen Tanzwalzer wünschte, mußte sich der Komponist zu Konzessionen herbeilassen. Er war dazu in seiner gewohnten Großzügigkeit sofort bereit, ließ sich auch beim Satz für Männerstimmen gern beraten und helfen; der Walzer wurde schließlich erweitert, der Schluß abgeändert. Am 22. Jänner 1867, also etwa drei Wochen vor der Faschingsliedertafel, lagen die Gesangsstimmen des „Donauwalzers" im Druck vor. Jean war es zwar, wie er später zu Pepi geäußert haben soll, *„leid um die schöne Coda"*, aber ein Chorfinale hat nun einmal seine eigenen Gesetze. Bei der Uraufführung erklang der Walzer „An der schönen blauen Donau", gesungen vom Wiener Männergesangverein unter der Leitung seines Chormeisters Weinwurm, begleitet von einer Regimentsmusikkapelle – das Straußsche Orchester und der Komponist selbst waren bei Hof beschäftigt und daher unabkömmlich! –, in der abgeänderten Fassung. Im Original war der Walzer erst später im Volksgarten zu hören.

Auch Joseph Strauß wurde im Fasching 1867 vor ein schier unlösbares Problem gestellt. Ihm war die Aufgabe zugefallen, den Reigen der repräsentativen Bälle, der in diesem Jahr infolge der *„wenig jocosen Stimmung"*, wie die „Wiener Zeitung" urteilte, recht lustlos absolviert wurde, mit einer Widmung für den Medizinerball zu eröffnen, die auch noch den Titel „Delirien" erhalten sollte. Was für eine

Zumutung, für das in gedrückter Stimmung in einem eher schütter besetzten Ballsaal erscheinende Publikum eines Nobelfestes Fieberträume zu beschwören!

Joseph Strauß nahm diese Zumutung als Herausforderung. Er schilderte die „Delirien“ in der faszinierenden Tonskizze des Vorspiels – 27 Takte genügten ihm für eine Vision von unüberbietbarer Eindringlichkeit – und ließ dann die Erregung der Fieberphantasien mit einer genialen Überleitung in einen umso gelösteren und beschwingteren Walzer ausklingen. Die Hauptmelodie des Werkes fängt – wie bei den „Transaktionen“ – gleichsam über den auslaufenden Wellen leise zu tönen an; nach einem zaghaften Aufschwung scheint auch sie abzusinken – aber in diesem Walzer erhebt sie sich sogleich wieder, schwingt sich höher hinauf, immer höher – bis zum jubelnden Ausbruch der Lebensfreude, die sich – justament – aus Delirien heraus entfaltet!

Der Zufall wollte es, daß „Delirien“ und „Donauwalzer“ (Chorstimmen) im Auslieferungsbuch des Verlages unter dem Datum 22. Jänner 1867 nebeneinanderstehen. Die beiden Kompositionen gehören auch aufs engste zusammen, sie sind ein Teil des Wettstreits der Brüder Strauß, und wenn man sie gegeneinander abwägen wollte, könnte man am besten den Satz verwenden, den Jean im Freundeskreis oft wiederholt hat: *„Pepi ist der begabtere, ich bin halt populärer . . .“*

Noch stärker trat der Gegensatz im Wesen der Brüder Johann und Joseph in zwei anderen Kompositionen dieses Karnevals hervor: Beim „Hesperusball“ spielte Jean seinen eleganten, kultiviert-heiteren Walzer „Künstlerleben“ auf und überließ dann das Podium seinem Bruder, der mit dem gerade eine Woche alten Walzer „Marienklänge“ antwortete. Das elegische Motiv des Anfangs wollte beinahe befremden („*Zu dieser Musik könnte man herrlich sterben*", hieß es später in einem Feuilleton), doch dann riß der Schwung des Walzers die Tänzer doch mit sich fort. Und gleich darauf verfielen alle in eine fröhliche Raserei, als ihnen Pepi seine eigentliche Ballwidmung präsentierte: die Schnellpolka „Jocus"! Es war schon sein zweiter „Reisser": auch beim Concordiaball hatte er mit einer Polka („Allerlei") die Gäste begeistert. So groß war der Erfolg, daß Jean keine Ruhe fand, ehe er nicht mit der Schnellpolka „Leichtes Blut" gleichgezogen hatte! Die Schlußbilanz lautete: 6 Novitäten Johann, 11 Joseph und 8 Eduard.

Im Frühling 1867 brachen Jetty und Jean zu dem riskanten Unternehmen auf, in Paris während der Weltausstellung auf eigene Rechnung Konzerte zu veranstalten. Da die Kapelle unter der Leitung der jüngeren Brüder in Wien zurückbleiben mußte, verbündete sich Jean mit dem Berliner Musikdirektor Bilse und errang schließlich unter denkbar schwierigen Verhältnissen durch die mitreißende Kraft seines „Aufgeigens" und durch den Reiz seiner Kompositionen zuletzt einen überwältigenden Erfolg. Beim Start half die Fürstin Metternich dadurch, daß sie Jean beim Galaball in der österreichischen Botschaft, an dem – mit dem französischen Kaiserpaar an der Spitze – „ganz Paris" teilnahm, mit der Leitung der Musik beauftragte.

Da wenig später eine österreichische Militärmusikkapelle ebenfalls in Paris aus einem internationalen Wettbewerb als Siegerin hervorging, war die Aufmerksamkeit der Wiener wochenlang auf die französische Hauptstadt konzentriert, und diese Gelegenheit benützte Joseph, um in aller Stille eine Badereise nach dem Kurort Fusch anzutreten. Er war Anfang August neuerlich zusammengebrochen. Am 11. August 1867 schrieb er aus Salzburg:

„Bin ziemlich gesund aber erschöpft angelangt. Die Nacht in Linz schlief ich gar nicht; war es Aufregung oder Reaction von den Ereignissen kurz vor meiner Abreise, ich weiß es nicht. Ich blieb jedoch zu Bette bis 10 Uhr, worauf ich mich zu Tische setzte, allwo wir vor zwei Jahren saßen. Hier blieb ich bis halb ein Uhr sitzen, aß blos Suppe und fuhr dann nach Salzburg, wo ich gegen halb sechs Uhr ankam, hungrig, durstig, sehr abgemattet; ich glaube, das Clima, die Luftveränderung greifen mich heuer mehr an als vor zwei Jahren, weil ich viel schwächer bin, viel mehr herabgekommen."

In seiner völligen Ahnungslosigkeit über den Charakter seines Leidens erhoffte Pepi rasche Heilung durch die „echte wahre Gebirgsluft".Er blieb – wie Eduard in seinen „Erinnerungen" berichtet, wobei er allerdings die Badereise irrtümlich ins Jahr 1868 verlegt! – *„über einen Monat aus; statt jedoch die erhoffte Genesung gefunden zu haben, fiel er schon zwei Tage nach seiner Ankunft wieder in tiefe Ohnmacht"*. Abermals lautete die Diagnose: „Nervenfieber", und so wurde auch diesmal nichts unternommen, um die Ursache des Leidens ernsthaft zu erforschen.

Als wäre nichts vorgefallen, erschien Pepi beim Saisonschlußkonzert in der „Neuen Welt" wieder „persönlich" an der Spitze des Orchesters und begrüßte das Publikum mit der neuen Polka Mazur „In der Heimath". Aber spätestens um diese Zeit muß es Joseph Strauß wohl klar geworden sein, daß seine Lebensbahn sich unabänderlich dem Ende zuneigte. In manchen seiner damaligen Kompositionen rühren Melodien und Harmonien an Regionen des Empfindens, die seinem Bruder Jean, der ja um jeden Preis ein Mann der „ewigen Jugend" sein wollte, vorerst verschlossen waren. Schon in den „Marienklängen" schien das Wissen um das unwiderrufliche Abschiednehmen anzuklingen, nun kehrte diese Stimmung im ersten großen Walzer der neuen Saison wieder. „Herbstrosen“ stand über der Partitur, und der Titel erklärte sich scheinbar allein dadurch, daß die Komposition für das erste Konzert der Kapelle in den wiedergewonnenen Blumensälen der Gartenbaugesellschaft bestimmt war. Aber vielleicht gab es doch auch andere Bezüge; denn ein wenig später begann Joseph Strauß mit der Niederschrift der Widmung für den Medizinerball 1868, den „Sphärenklängen“. Als dieser Walzer am 21. Jänner im Sophiensaal zum ersten Male erklang, wurden sogar die oberflächlichen Ballreporter aufmerksam: *„Es macht einen eigenthümlichen Eindruck“*, schrieb das „Fremdenblatt“, *„auf dem Medizinerball musikalisch ans Jenseits erinnert zu werden.“* Doch schon im nächsten Satz waltete wieder die gewohnte öde Routine: *„In der animiertesten Stimmung verlief das Fest . . .“* Auch später ist man diesem Walzer nur selten gerecht geworden. In Wien brachte man ihn schon nach zwei Jahren mit sentimentalen Legenden in Zusammenhang, dann schwärmte man oberflächlich von seiner „zu Tränen rührenden Poesie“ oder nannte ihn ein „ergreifendes Gedicht“, endlich wurde er textiert und dabei auf seltsame Weise festgelegt: „Der Lenz ist nun erwacht . . .“ Aber gerade diese Musik entzieht sich dem Wort und ist daher mit Worten auch nicht zu deuten.

Natürlich waren solche Kompositionen auch nicht die richtige Beigabe für ein Publikum, das lärmend einen Gasthausgarten füllte und vergnügt an Tischen tafelte. Man mußte den Strauß-Konzerten einen anderen Rahmen schaffen. Da traf es sich ausgezeichnet, daß Johann Strauß anschließend an seine Triumphe in Paris nach England weitergereist war und in London die Promenadenkonzerte in Covent-Garden kennen und schätzen gelernt hatte. In diesem kultivierten Milieu war es ihm viel leichter gefallen sich durchzusetzen, als beim Trubel der Pariser Veranstaltungen. Als Jean nun nach Wien zurückgekehrt war, begann er sofort, die Soireen der Kapelle „nach dem Vorbild der englischen Promenadekonzerte" umzugestalten.

Am 19. Jänner 1868 wurde in den Blumensälen das erste dieser neuartigen Konzerte abgehalten. Rings um das Orchester war ein Kordon aus Sesselreihen gezogen worden, auf denen Platz nehmen konnte, wer sich auf die Musik zu konzentrieren wünschte. Wer auch weiterhin bloße Berieselung vorzog, hatte Gelegenheit zur Promenade. Das Restaurant war ins Untergeschoß verbannt worden. Dort produzierte eine Militärmusikkapelle die gewohnte „Conversationsmusik". Das Publikum begrüßte die Neueinführung, und damit war ein wichtiger Schritt zur Annäherung der wienerischen Tanz- und Unterhaltungsmusik an die symphonische Musik getan. Es ist für die Wiener Zustände jener Jahre bezeichnend, daß die Initiative zu dieser Entwicklung, von der eine sich über viele Jahrzehnte erstreckende Bildungs- und Erziehungsarbeit in den Konzertsälen Wiens herzuleiten ist, nicht von irgendeiner „kulturellen Institution" ausging, sondern von der für das „Walzergeschäft" gegründeten Straußkapelle.

Jean steuerte für das erste Promenadekonzert zwei Novitäten bei – die Pariser „Figaro"-Polka und die Polka Mazur „Stadt und Land" –, beteiligte sich dafür aber kaum an den Karnevalskompositionen für 1868: nur die „Concordia" und der letzte Bürgerball im Redoutensaal wurden mit Widmungen aus seiner Feder bedacht. Und weil Pepi abermals mit einer Schnellpolka („Eingesendet") Furore machte, ließ sich Jean noch zum Gegenstück „Unter Donner und Blitz" inspirieren. Für alle anderen Tanzweisen hatte Joseph zu sorgen; doch da nun auch Eduard nicht zurückstehen wollte, lautete die Karnevalsbilanz diesmal: 10 neue Werke von Joseph, 7 von Eduard gegen nur 3 von Johann Strauß.

Auch im Frühjahr hatte Pepi die Hauptlast der Arbeit zu tragen. Es war ihm recht. Er vergrub sich nun geradezu in seine Tätigkeit, komponierte und arrangierte eifriger denn je und pendelte nur noch zwischen seinem Arbeitszimmer und den Konzertlokalen hin und her. Später rühmte er sich sogar, den Stephansplatz schon ein Jahr lang nicht mehr betreten zu haben. Um der ungeheuren Spannung Herr zu werden, spielte er nun fast täglich bis in die frühen Morgenstunden hinein im Hotel National oder in den Kaffeehäusern der Leopoldstadt Karten. Gelegentlich war er auch bei Johann und Jetty im neuen Heim in Hietzing eingeladen. Auch Jean war ein leidenschaftlicher Kartenspieler, aber er betrieb sein Hobby stets mit Selbstironie und übermütigem Humor, während Pepi – wie Jetty in einem Brief aus dem Jahre 1868 es formulierte – *„dasaß wie ein Pomp-funebre-Mandel und immer ausgemacht wurde“*. Zu allem Überfluß rauchte Pepi auch noch bis zu zwanzig Zigarren im Tag. Er hatte sich offenbar aufgegeben.

Johann Strauß hatte im Frühjahr 1868 wenig Zeit, sich um den Bruder zu kümmern. Er arbeitete, von Jetty sorgfältig betreut und abgeschirmt, an seiner ersten Operette, „Die lustigen Weiber von Wien“, die allerdings nicht völlig fertiggestellt wurde und verlorengegangen ist. An der Spitze der Kapelle erschien Jean nur, um zunächst bei einem Fest des Obersthofmeisters Fürst Hohenlohe, dann bei einem Novitätenkonzert im Volksgarten und schließlich auch noch bei der Sommerliedertafel des Wiener Männergesangsvereins in der „Neuen Welt“ seinen Walzer „Geschichten aus dem

Wienerwald“ aufzuspielen. Joseph ergänzte das Programm der Volksgartensoiree durch die Uraufführung dreier Szenen aus Wagners Oper „Die Meistersinger von Nürnberg“ und zweier eigener Novitäten („Die Sirene“, „Eile mit Weile“). Für den Männergesangverein hatte Pepi seine Polka Mazur „Dithyrambe“ bearbeitet und vom Dichter des „Donauwalzers“, Joseph Weyl, textieren lassen. Aber der – wie die Presse schrieb – „Sensationswalzer“ seines Bruders Johann verdrängte sowohl die „Dithyrambe“ als auch „Die Meistersinger“ aus dem Mittelpunkt des Publikumsinteresses. Jean hatte das „fällige“ Gegenstück zum „Dorfschwalben“-Walzer Josephs präsentiert.

Dann brach das „Bundes-Schützenfest“ über die Donaumetropole herein, aus dessen Trubel nur zwei Ereignisse herausragten: die Uraufführung des sogleich populären Joseph-Strauß-Walzers „Wiener Fresken“ und die triumphale Wiedergabe des „Donauwalzers“ beim Monstrekonzert im Prater. Jeans „Hymne im Dreivierteltakt“ wurde bejubelt, man nannte sie auch „Marseillaise des Schützenfestes“ und war glücklich, das Werk gleichsam noch einmal entdeckt zu haben.

Dagegen ging ein musikalischer Scherz von Joseph Strauß, den Pepi in der „Neuen Welt“ dem Publikum vorgestellt hatte, völlig unter. Der Verleger Spina zögerte, diesen kleinen Spaß, der unter dem Namen „Die Plaudertasche“ zum ersten Male aufgespielt worden war, sogleich zu veröffentlichen. Er versteckte schließlich die geniale Skizze in einem Sammelalbum, das anläßlich der Schützenversammlung erschien, und da er überzeugt war, das deutsche Publikum dieses Festes werde den wienerischen Titel nicht verstehen, machte er aus der Plaudertasche ein „Plappermäulchen“. Jeans „Perpetuum mobile“ hatte also ein

Gegenstück erhalten, das übrigens ebenso wie das virtuose Scherzo Jeans in Wien noch geraume Zeit weder verstanden noch geschätzt wurde.

Unmittelbar nach dem turbulenten Abschluß des Schützenfestes mußte Pepi abermals „unpäßlich" gemeldet werden, da er neuerlich von schweren Ohnmachtsanfällen heimgesucht wurde. Aber ausgerechnet aus diesem Zusammenbruch heraus faßte er neuen Lebensmut: Jean machte seinem Bruder klar, daß sein Übergang ins Lager der Operettenkomponisten endgültig sein werde und daß er entschlossen sei, auch sein Ehrenamt als Hofball-Musikdirektor bei dieser Gelegenheit zurückzulegen. Die Nachfolge stehe Pepi offen, er habe in diesem Sinne bereits vorgefühlt. Und aus Pawlowsk habe er erfahren, daß man wieder auf die Firma Strauß reflektiere. Jean erklärte sich bereit, seinen Bruder dort wieder zu präsentieren.

Diese Aussichten erweckten im schwerkranken Pepi eine geradezu unfaßbare Euphorie. Auch der plötzliche Tod des Verlegers Carl Haslinger, der am zweiten Weihnachtsfeiertag einem Schlaganfall erlegen war, bedeutete für ihn keine Warnung. Joseph wies nun jeden Gedanken an ein ähnliches Schicksal weit von sich. Mit einem Male sah er optimistisch in die Zukunft. Er freute sich diesmal besonders auf seinen Wettstreit mit Jean im Fasching 1869; denn er hatte bereits zwei besonders beschwingte wienerische Walzer vorbereitet, mit denen er gewiß war, Erfolg zu haben. „Aquarellen" hieß der eine, und der andere führte den Titel „Mein Lebenslauf ist Lieb und Lust".

Jean zeichnet Joseph

Joseph zeichnet Caroline

„Joseph Strauß und seine Brüder" – bildeten seit ihrem ersten gemeinsamen Auftreten im Jahre 1862 (Photomontage auf der nächsten Seite) ein beliebtes Thema für die Karikaturisten. Auch die Zeichner des kurzlebigen Journals „Rakettl" griffen es (oben) dankbar auf.

Von den mehr als 500 Bearbeitungen und Transcriptionen, die Joseph Strauß während seiner Laufbahn als Kapellmeister für das Orchester geschrieben hat, sind nur ganz wenige erhalten („Träumerei" von Robert Schumann).

Pizzicato-Polka

für das

Pianoforte

componirt von

Johann u. Josef Strauss.

Eigenthum des Verlegers.

St. Petersburg, A. Büttner.

Warschau Gebethner & Wolff, Ferd. Hoesick, G. Sennewald

IX

AUS DER FERNE

Mit vitalem Schwung stürzte sich Joseph Strauß ins wieder lebhafte Faschingstreiben des Jahres 1869. Hatte er es sich im vergangenen Herbst noch zur Aufgabe gestellt, in einem nachdenklichen Walzer Ernst und Humor gegeneinander abzuwägen, so wandte er sich jetzt nur noch der Heiterkeit und der Lebensfreude zu. Wo er die Möglichkeit hatte, die Namen seiner neuen Kompositionen zu bestimmen, wählte er stets optimistische, anmutige, lustige Titel aus: „Neckerei" für eine Mazur zum Beispiel und „Frohsinn" für eine französische Polka, und zwei seiner rasanten Schnellpolkas galten den neuesten Sportarten Eislaufen und Radfahren („Velocipede")! Und seine Walzer wußten nun nichts mehr von Elegie und Sehnsucht, sondern führten mit kurzen, prägnanten Melodien zur „klassischen" wienerischen Tanzmusik zurück.

Da für den Narrenabend des Wiener Männergesangvereins am 2. Februar im Dianasaal der erste vollständig durchkomponierte Chorwalzer seines Bruders, „Wein, Weib und Gesang" vorbereitet wurde, wählte Joseph für seinen schwungvollsten Tanz den Ball der Künstlervereinigung „Hesperus" am 1. Februar. Dem vorgegebenen Titel „Aquarellen" suchte er nur in der leise einsetzenden Intro-

Das gemeinsame Meisterwerk: die „Pizzikato-Polka"

duktion zu entsprechen, dann folgten: eine energische „Aufforderung zum Tanz", ein jäher Bläserakkord, eine Pause höchster Spannung – und dann brach der Walzer los mit einer Gebärde des „Aufhauens", wie man sie nur in Wien kennt; ein herausforderndes „Was kost' die Welt" erklang, wie es nur ein verwegener Militärkapellmeister, ein Ziehrer in der Vollkraft seiner späten Jahre, wiederholen konnte. Der Rhythmus stemmte sich scheinbar gegen den Takt, und doch zogen die Melodien die Tänzer ganz selbstverständlich hinein in den wirbelnden Strudel auf dem Parkett des Dianabadsaales. Und je weiter der Walzer fortschritt, desto deutlicher wurde das eherne „hm-tata" der längst überwundenen Tänze der Väter und Vorväter aufgehoben durch die alle Taktstriche überfliegenden Melodien – jenes Schweben war erreicht, das nun einmal das Ideal des echten Wiener Walzers ist.

Natürlich ist „Wein, Weib und Gesang" eine geniale Komposition, und Richard Wagner hat gewußt, warum er ihr neben dem „Donauwalzer" vor allen anderen Tänzen des von ihm bewunderten Johann Strauß den Vorzug gab. Aber die „Aquarellen" sind temperamentvoller, elementarer. In diesem Walzer hat Joseph Strauß vielleicht sein Wesen verleugnet, aber gewiß sich selbst übertroffen! Und er schaffte es im selben Fasching gleich noch einmal, ausgelassener, fröhlicher und schwungvoller zu sein als sein Bruder: in der Widmung für den Studentenball am 7. Februar 1869 im Redoutensaal. Ein Studentenlied („Ich hab' den ganzen Vormittag") eröffnet die Introduktion, ein anderes („Mein Lebenslauf ist Lieb und Lust", das dem Walzer seinen Titel gab) krönt die Coda. Dazwischen aber läßt Joseph Strauß abermals seinem Temperament die Zügel schießen. Mit einem unmerklichen Zögern setzt die Melodie ein, schwingt sich in immer neuem, sanft wiegendem Anlauf empor, tänzelt weiter, singt, jubelt, ja der Walzer schluchzt sogar: fünfzig Jahre weitere Entwicklung sind vorweggenommen! Schließlich mündet er in Heiterkeit und Übermut. Jean war eindeutig übertrumpft, überboten. Er konnte erst im nächsten Karneval wieder zu seinem Bruder aufschließen!

Unmittelbar nach der diesmal unvollständigen Karnevalsrevue (10 Novitäten von Joseph und 5 von Eduard; – Johann Strauß stellte seine drei Widmungen zusammen mit zwei Nachzüglern seiner Brüder erst im März öffentlich vor) begannen die intensiven Vorbereitungen für die Saison in Pawlowsk. Nur einige „Kleinigkeiten" mußten vorher noch erledigt werden: Pepi besuchte den von August Silberstein geleiteten Verein der „Naßwalder" und brachte als Präsent einen Ländler (im Rhythmus der Polka Mazur) mit, den er stilbewußt von zwei Zithern, zwei Geigen, Bratsche und Cello vortragen ließ. Das kleine Werk („Die Naßwalderin") ist seitdem ein reizvoller Beleg dafür, wie souverän Joseph Strauß die Volksmusik in sein Schaffen einzubeziehen verstand. Bruder Johann triumphierte später mit der Schnellpolka „Eljen a Magyar" in Pest; auch er fand sich ja nicht nur in der Wiener Sphäre zurecht. Pepi assistierte bei dieser Gelegenheit mit dem „Andrássy-Marsch."

Ebenfalls im März ereignete sich eine Feier, wie Wien sie vordem kaum einmal erlebt hatte: der Fabrikant Wertheim gab seinen Arbeitern anläßlich der Herstellung der 20 000. eisernen Kasse in den Blumensälen der Gartenbaugesellschaft ein Fest. *„Dabei saß"*, wie die „Vorstadt-Zeitung" mokant hervorhob, *„die Komtesse im Schleppkleid neben der Arbeiterin im Leinengewebe, ohne daß deshalb die Welt aus den Fugen geraten wäre."* Joseph Strauß, der bei dieser Feier aufspielte, verwandelte den in der ganzen Monarchie bekannten Werbespruch der Firma „Feuerfest!“ in eine lustige Polka. In diesem Werk klingen die Schmiedehämmer einer längst verwehten Zeit in unseren Tagen nach.

Nach einem spektakulären Abschiedskonzert in den Blumensälen, in dessen Verlauf sich beide Brüder beim König von Portugal als Gratulanten einstellten (Johann: „Königslieder“, Joseph: „Huldigungslieder“), reisten sie zusammen mit Jetty über Warschau nach Pawlowsk. Sofort nach dem Eintreffen gab es auch schon Ärger:

„Da ich alles in den Zimmern wie in der Küche einrichten mußte, so hatten wir vollauf zu tun, bis wir uns ein wenig Behaglichkeit verschafften“,

schrieb Jetty am 24. April ihrer Schwägerin Lina. Und Pepi ergänzte am Ostersonntag in einem Brief an seine Frau:

„Von den Zimmern im ersten Stock wurden uns drei weggenommen, dafür erhielten wir zwei im Parterre liegende Räume: das eine ist unser Sprechsalon, das andere Zimmer ist Jettys Ankleide- und Sitzzimmer. Schlafen im ersten Stocke. Meine Einrichtung besteht aus einem schmalen, mit drei Rechen besetzten Hängkasten und einem dreischubladigen unbezwinglichen *Schrank; Du kannst Dir denken, wie meine Kleider herumhängen. Mein Bett ist sehr gut, mein Waschtisch ist eine Notenkiste von Jean, gestürzt und mit einem Leintuch verhängt. – Die Kost ist vortrefflich, Jetty ist unbezahlbar, ich hab’ noch nie so gut gegessen.“*

Pepi schilderte auch seine Tageseinteilung, wie überhaupt alle Vorfälle dieses problemreichen Sommers am besten den vielen Briefen zu entnehmen sind, die zwischen Pawlowsk und Wien gewechselt wurden. Die Misere hatte übrigens schon damit begonnen, daß Jean gleich bei der Vorbereitung die Zeitdifferenz zwischen dem russischen und dem westeuropäischen Kalender übersehen hatte:

„Um neun stehe ich auf, nachdem ich – immer allein, weil Jean und Jetty länger schlafen – gefrühstückt, geht's um 11 Uhr zur Probe, die dauert bis halb zwei Uhr, sodann zum Schreibtisch und arbeiten, instrumentieren, dupplieren. Um 4 Uhr Mittagessen, um halb fünf zweite Probe bis sechs, halb sieben, dann ermüdet nach Hause und wieder arbeiten in dem Repertoire. Um 10 Uhr Abendessen, dann plaudern wir ... Jean hat empfindliche Verluste erlitten durch seine Irrung im Datum, die Musiker kamen alle um 14 Tage früher an, er mußte sie entschädigen und zu diesem Zwecke 700 Rubel opfern – er muß jedes Instrumentchen kaufen, daher gingen bei 1700 Rubel auf. – Ich werde daher sehr klug und weise thun, wenn ich von meinem Honorar pr. 3000 Rubel 1000 Rubel angebe ...“

An Gewinn war also kaum zu denken. Doch vorerst war Pepis Zuversicht nicht zu erschüttern. Am 19. April versicherte er seiner Frau:

„Ich habe viele Widerwärtigkeiten auszustehen, aber ich ertrage alles, nur um Dir *ein frohes, sorgenfreies Leben zu bereiten. Für Dich arbeite ich, für Dein Opfer, das Du durch 12 Jahre im Hinterhaus mir brachtest.“*

Bald erhob sich die Frage, ob der Hauptzweck des Unternehmens, Pepi in Pawlowsk für einige Jahre zu etablieren, überhaupt zu erreichen sei. Die Direktoren zeigten sich verschlossen. Aber immerhin konnte Joseph in seinem Bericht über das Debut am 14. Mai auf seinen persönlichen Erfolg hinweisen:

„Jean wurde wie ein alter Liebling empfangen. Er konnte vor lauter Verbeugen nicht anfangen zu spielen. – Ich hatte nur in der letzten Abtheilung zu thun. Jean führte mich vor. Ich wurde recht lebhaft empfangen, mußte viele Verbeugungen machen; eine Minute verging, bis ich den Taktstock hob

und die „Lockpolka“ nach zweimaligem Hervorrufen repetieren mußte. Ebenso wurden die folgenden Piecen mit größtem Beifall aufgenommen.“

Voll Sehnsucht nach seiner Frau, der er auch in jedem seiner Briefe Ausdruck gibt, komponierte Pepi in Pawlowsk zunächst die Polka Mazur „Aus der Ferne“: abermals entstand ein Pastellgemälde mit zarten Linien und aparten Klangfarben. Joseph war nun überzeugt, im nächsten Jahr wieder in Rußland engagiert zu werden und freute sich darauf, dann mit seiner Frau im herrlichen Park von Pawlowsk – *„hätten wir den in Wien!“* – spazieren zu gehen. Am Hochzeitstag schrieb er nach Hause:

„Immer mit Dir
nur durch Dich und
ewig für Dich!“ . . .

In dieser gelösten Stimmung kam Jean eine Idee:

„Ich habe meinem Bruder den Rath erteilt, etwas zu komponieren, was in Petersburg zündet und schlug ihm eine Pizzicatopolka vor. Er wollte nicht daran – er war immer unschlüssig – endlich machte ich ihm die Proposition, die Polka solle von uns beiden geschaffen werden. Darauf ging er ein . . .“

Jetty, die von diesem Plan wußte, zeigte sich in ihrem Schreiben an Lina am 13. Juni noch skeptisch:

„Pepi und Jean schreiben jetzt eine Polka zusammen – *das wird wieder etwas Neues sein . . .“*,

aber die „Pizzicato-Polka“, das schönste Dokument der endlich erreichten brüderlichen Verbundenheit Johann und Joseph Strauß’, wurde gleich bei ihrer Erprobung am 24. Juni und dann noch einmal bei ihrer offiziellen Präsentation beim Benefizkonzert am 6. Juli (zusammen mit Jeans „Egyptischem Marsch“) bejubelt:

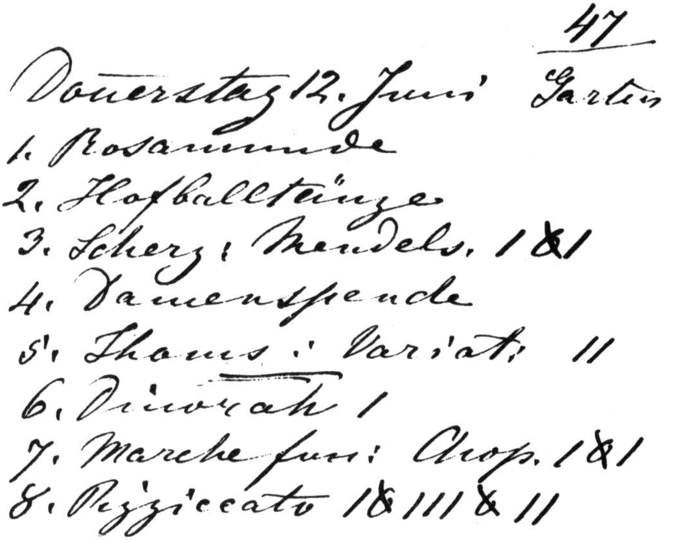

47
Donnerstag 12. Juni Garten
1. Rosamunde
2. Hofballtänze
3. Scherzo: Mendels. 1 ⊗ 1
4. Damenspende
5. Thema: Variat: 11
6. Dinorah 1
7. Marche fun: Chop. 1 ⊗ 1
8. Pizzicato 1 ⊗ 111 ⊗ 11

Aus den Notizen des Musikers F. A. Zimmermann, der mehrere Jahre dem Strauß-Orchester in Pawlowsk angehört und genau Buch geführt hat: die Striche bedeuten Hervorrufe, die Kreise Wiederholungen.

Trotz aller Erfolge beim Publikum wurde die Stimmung im Vauxhall von Pawlowsk allmählich doch schlechter: Jean „penzte herum", und auch Pepi ging der Betrieb auf die Nerven. Am 26. Juni vertraute er Lina an:

„Ich mag das Engagement nicht. Es ist ein fortwährendes Streben, das Publikum aus seinem blasierten Zustand herauszubringen. Aber wenn man mir eine günstige Bedingung macht, so nehme ich zwei Jahre an, um (ich bekenne es Dir, Du mein einziges, höchstes Gut, das ich habe) Dir ein kleines Vermögen zu hinterlassen. Das ist mein Wille!"

Immer aufs neue überdachte Joseph Strauß seine Chancen für die Zukunft. *„Weil ich die Wirtshausgeigerei nicht immer ausüben werde, verlege ich mich auf andere Compositionen"*, ließ er in den Brief vom 26. Juni abschließend einfließen. Aber dann kamen aus Wien alarmierende Nachrichten, die seinen Zorn herausforderten. Joseph ließ am 6. Juli seinem Groll freien Lauf:

„Liebes, einziges Weib – Erschrecke nicht, wenn Du in diesem Brief Neuigkeiten erfährst. Wir haben die Kunde erhalten, daß Eduard sich – selbständig zeigt, was verhindert werden muß. – Wenn Mama das Unternehmen Eduard unterstützt, hört unser Beisammensein auf. Die Kapelle wird umorganisiert, und zwar aus den hiesigen ausgezeichneten Kräften und dann auf eigene Faust fortgearbeitet. Ich sehne mich nach Unabhängigkeit, es ist höchste Zeit, auch Dir eine andere Stellung zu geben. Ich schrieb gestern Mama, daß mich meine ganze Unterthänigkeit im Hirschenhause schon anwidert, daß meine Wohnung mir nicht mehr genügt, daß ich mich auf einen anderen Standpunkt stellen will. – Liebes Weib, helfe mir – sei nicht abhängig von Rücksichten gegen die Anderen, es kommt die Freiheit für Dich, die Du Dir schon längst wünschtest. Sei nur klug, liebes Weibchen . . .“

Indessen hatte Jetty erfahren, daß für ihren Schwager kaum mehr eine Chance bestand, seine Tätigkeit in Pawlowsk im nächsten Jahre fortzusetzen. In einem Brief an Gustav Lewy fügte sie die Bemerkung bei: *„Ich begreife es auch, da ich ihn jetzt näher kenne.“* Aber dann war es ausgerechnet Jetty, die in einem ausführlichen Schreiben am 26. August Lina doch wieder Hoffnungen machte:

„Die Geschäfte gehen gut und die Aussichten stehen nicht schlecht – hätte Pepi etwas von Jeans „Suada“, er säße schon fest; er ist aber zu timid, verschlossen, und zu wenig Weltmann, was von seiner steten Stubenhockerei kommt. Der Künstler muß hinaus ins Leben; nicht allein, was er schafft, genügt – er muß es bevormunden durch sein Selbst.

Pepi ist ganz Innerlichkeit und verschmäht allen Schein – und die heutige *Welt hält* viel *auf den Schein!*"

Jeans Laune besserte sich wieder, je mehr sich der Sommer dem Ende zuneigte. Beim zweiten Benefizkonzert am 6. September 1869 hatte er einen neuen Schlager aufzubieten: die Polka „Im Pawlowsk-Walde", die in Wien später unter dem Titel „Im Krapfenwaldl" aufgeführt werden sollte.

Joseph konnte diesmal keinen gleichwertigen Erfolg melden. Am 10. September schrieb er seiner Frau:

„Ich sehe nicht gut aus, ich bin blasser geworden, die Wangen hohler, die Haare habe ich verloren, ich bin im Ganzen abgestumpft, ich habe keine Anregung zum Arbeiten; die ganze Phantasie erstickt hier vor lauter Langeweile und ewigem Einerlei. Die Ungewißheit in der ich lebe, weil ich nicht weiß, ob ich engagiert werde oder nicht, macht mich noch kränker und unzufriedener –

Hätte ich dies alles voraus gesehen: daß wir nämlich alle beisammen wohnen, mein Geschäft nicht für mich allein sorgt, sondern für alle, daß Eduard übermüthig wird etc. – alles zusammen genommen, so würde ich mich früher frei und unabhängig gemacht haben."

Am 17. September griff Mutter Anna energisch in den Streit ein; erbost über den Juli-Brief nahm sie vehement wieder einmal gegen Pepi Partei:

„Eduard wird nicht zugrunde gehen und ich mit meinen zwei Töchtern werde auch leben – es ist besser Trennung als so eine elendliche Existenz, nicht schlafen, nicht essen können, keine Ruhe, nichts als Falschheit, Streit, Neid unter Euch, will nichts mehr wissen: ihr kennt nichts als eure Familien und wir sind die Hiaseln. Danke Dir vielmals.

Möge es Dir einst Gott verzeihen. Verdient habe ich es nicht – diesen Undank. –“

Indessen wurde die Absicht der Direktion erkennbar, auf Josephs Tätigkeit nicht weiter zu reflektieren. Pepi reagierte, von neuem Lebensmut erfüllt, prompt und entschlossen:

„Dies ist mir mehr als angenehm. Bilse ist hier engagiert, und ich habe die Absicht, dort, wo er gewesen ist, ihm nachzufolgen. Ich habe also für Warschau *meine Anstalten zu treffen“*,

teilte er Lina am 27. September mit und bat sie, für eine Veröffentlichung seines Entschlusses in Wien zu sorgen. Joseph wurde wieder so optimistisch wie zu Beginn des Jahres und schrieb neben der „En passant-Polka“ einen Walzer „Frohes Leben“ und zuletzt auch noch die Schnellpolka „Ohne Sorgen!“.

Mit seinen zuletzt in Pawlowsk entstandenen Kompositionen und mit der „Pizzicato-Polka“ trat Joseph am 14. November gemeinsam mit Jean auch vor das Wiener Publikum. Da durch die Differenzen sowohl die Blumensäle als auch der Volksgarten zunächst einmal verlorengegangen waren, begann die Kapelle die Herbstsaison im Sophiensaal. Aber dann gelang es Jean, mit der Gesellschaft der Musikfreunde zu vereinbaren, daß nach der Eröffnung des neuen Hauses am Ufer des Wien-Flusses (heute: Karlsplatz) an Sonntagen „Strauß-Konzerte“ abgehalten werden konnten! Damit waren alle Verluste wettgemacht.

Unter den gestrengen Augen der Mutter schlossen Joseph und Eduard Strauß einen neuen Gesellschaftsvertrag ab, der die künftigen Bedingungen ihrer Zusammenarbeit bis ins kleinste regelte. Es schien somit alles wieder in Ordnung zu sein. Aber zumindestens Jetty ahnte, daß die Katastrophe in der Familie unmittelbar bevorstand.

X

HESPERUS-BAHNEN

Unbeirrbar und in einem rasanten Tempo, wie er es bisher kaum einmal seinem bedächtigen, scheuen Wesen abgerungen hatte, ließ Joseph Strauß im Herbst 1869 die in Pawlowsk gefaßten Pläne abrollen. Am 10. Oktober erhielt er den endgültigen Bescheid der Eisenbahndirektion, daß nicht er, sondern der deutsche Musikdirektor Bilse für die Saison 1870 engagiert worden sei. Am 11. Oktober, um 2 Uhr nachts, informierte er seine Frau, am 15. Oktober traf er in Warschau ein, um das Etablissement „Schweizerthal", in dem Bilse den vergangenen Sommer über mit gutem Gewinn konzertiert hatte, zu besichtigen. Immer noch wütend über Eduards Absicht, auf Reisen zu gehen, schloß Joseph in aller Eile mit dem Besitzer des Etablissements einen Vertrag ab, der vorsah, daß Joseph in der Sommersaison 1870, vom 15. Mai bis 15. September, das Lokal gegen Bezahlung einer fixen Pachtsumme mieten und darin auf eigene Rechnung Konzerte und Feste veranstalten konnte. Die Vereinbarung war alles andere als günstig, und Joseph verheimlichte daher in Wien die Wahrheit und ließ verbreiten, er sei „zu besten Bedingungen engagiert worden".

Daheim brachte Joseph alle gegen sich auf. Das Unterschlüpfen im Sophiensaal – das stand außer Streit – war nur eine Notlösung, um überhaupt mit den Konzerten beginnen zu können. Sonst stand der Kapelle nur der „Cursalon“ im Stadtpark zur Verfügung; das Lokal war noch nicht eingeführt und wurde daher weit weniger zahlreich besucht als der Volksgarten. Nun bestand aber Joseph in seiner beharrlichen Abneigung gegen den Pächter des Volksgartencafés, Szabó, hartnäckig darauf, die Konzerte im Kursalon beizubehalten, während Jean damit begonnen hatte, neue Fäden zu Herrn von Szabó zu knüpfen. Daß dieser daraufhin gleich eine neue Reihe der Straußkapelle: „*Concert populaire*“ ankündigen werde, war nicht vorherzusehen.

Joseph aber reagierte mit einer Heftigkeit, die seine Mutter in Panik versetzte. Mit einem Male erkannte sie die Lage – an deren Zustandekommen sie ja mehrfach mitschuldig war – und wandte sich verzweifelt an Jetty!

„Ich bin so frei, Dich zu bitten, daß Du auf Jean gebührend einwirkst, Pepi ja nicht einen Vorwurf zu machen wegen der Szabó-Soiree. Joseph kann mit dem Szabó nichts sprechen, überhaupt ist es in seinem Kopf nicht richtig, meine Meinung ist die, Joseph zu schonen, ihn von der Warschauer Reise zu befreien, er hat keine Gesundheit dazu, alles allein zu übersehen, außer Jean geht mit ihm. – (Man muß) Eduard allein zupantschen lassen, bis Joseph seine Gesundheit wieder erlangt, sonst ist er verloren. Der Anfall, den er gestern abend bekam, war, sagt er, wie ein Schlaganfall, das darf sich nicht wiederholen. Lina ist herzlos, sie hat keine Idee von seiner Kopfschwäche, ist ein Unglück, so eine Frau um sich zu haben; gerne würde ich mit Dir allein sprechen wegen der Reise, denn sein Zustand ist gefährlich . . .“

Was immer Jetty Strauß auf diesen Brief ihrer Schwiegermutter hin unternommen haben mag, erreicht hat sie jedenfalls nichts. Erst der Faschingsbeginn glättete die

Wogen. Im Mittelpunkt des Interesses stand diesmal die Eröffnung des Musikvereinsgebäudes: der Schlußstein wurde am 5. Jänner gelegt, tags darauf war das erste Gesellschaftskonzert, und am 15. Jänner wurde im goldenen Saal des Hauses der erste Ball abgehalten. Da waren natürlich alle drei Brüder Strauß zur Stelle und spielten ihre Widmungen auf: Johann den Walzer „Freuet euch des Lebens", Joseph die Polka „Künstlergruß" und Eduard die Mazur „Eisblume". Dann lief die Faschingsroutine klaglos ab: Pepis Kompositionen (u. a. die Walzer „Frauenwürde", „Nilfluthen", „Tanzprioritäten" und „Rudolphsklänge") bewiesen ausnahmslos ungebrochene Einfallskraft. Und für die Schlußveranstaltungen kündigte Pepi erst recht vortreffliche Werke an: die deutlich auf seine Gattin Caroline bezogene Polka Mazur „Die Emanzipierte" und die Schnellpolka „Jockey". Ein Walzer blieb zurück, weil der Ball verschoben wurde, für den er bestimmt war: die „Hesperusbahnen". Der Komponist hatte Zeit, ihn sorgfältig zu gestalten und ihm, über die Routine hinaus, „den Reiz der persönlichen Handschrift" zu geben.

Noch ehe der Fasching zu Ende war, starb Anna Strauß am 23. Februar im 69. Lebensjahr. Joseph brach am Totenbett ohnmächtig zusammen und erlangte erst nach langen Bemühungen des Arztes wieder das Bewußtsein. Jean blieb dem Trauerhaus und dem Begräbnis fern.

Durch den Tod der Mutter, die sich Pepis Plänen bis zuletzt widersetzt und dabei schließlich auch die Unterstützung Carolines gefunden hatte, fühlte sich Pepi erst recht verpflichtet, seinen eigenen Weg zu gehen. Er hatte in Pawlowsk klar und unwiderleglich erkannt, daß er sich selbständig machen, daß er den schlechtbezahlten Frondienst in Wien verlassen mußte, wenn er endlich die Werke schaffen wollte, die zu schreiben er sich berufen fühlte. Wer dachte schon daran, daß er in seiner künstlerischen Phantasie Grenzen längst überwunden hatte, die Jean bei aller Genialität seines unbekümmerten Schaffens noch nicht einmal vor sich sah! Und er hatte noch so viele Ideen, Pläne, Träume. Er mußte also um jeden Preis sein Glück versuchen! Es gelang niemandem, Pepi umzustimmen.

Am 13. März 1870 erschienen Johann, Joseph und Eduard zum ersten Male gemeinsam auf dem Podium des Musikvereinssaales und absolvierten die traditionelle „Carnevalsrevue". Es gab zwar einige Proteste gegen die angebliche „Entweihung des Hauses" durch die Tanzmusik, aber diese Stimmen wurden von der überwältigenden Mehrheit der Wiener rasch zum Schweigen gebracht. Gleich beim ersten Strauß-Konzert wurde der Saal von Besuchern überflutet, Hunderte Interessenten mußten zurückgewiesen werden. Ebenfalls im Musikverein fand am 4. April der nachgeholte „Hesperusball" statt: dabei spielte Joseph jenen Walzer auf („Hesperus-Bahnen"), der sein letzter sein sollte. Wieder hob sich eine leise einsetzende Melodie in einem träumerischen Aufschwung empor, wieder war die Form erweitert und noch einmal waren „nicht nur die Füsse erregt zum Tanzen, sondern auch die Gefühle erweckt".

Am Ostersonntag, dem 17. April, dirigierte Joseph Strauß im Musikverein sein letztes Konzert in Wien. Er nahm mit der Polka „Heiterer Muth" Abschied. Am Dienstag war in der „Presse" zu lesen:

„Herr Strauss erfreute sich von Seite des Publikums der ehrendsten Auszeichnung und mag daraus mit geringer Combinationsgabe den Schluß ziehen, daß er bei seiner Rückkehr ebenso freundlich empfangen wird."

Am 25. April reiste Joseph Strauß in Begleitung der

bereits schwerkranken „Pepi-Tante" nach Warschau ab. Gleich am Tage nach der Ankunft begann eine dichtgefügte Kette verhängnisvoller Schwierigkeiten: Noten und Instrumente, aber auch ihre persönliche Habe blieben beim Zollamt liegen, da das Gepäck falsch deklariert worden war. Das versprochene Quartier konnte nicht bezogen werden. Vor allem aber war die aus Musikern verschiedener Länder zusammengestellte Kapelle nicht komplett! Erst auf Pepis verzweifelten Hilferuf ergänzte Eduard das Personal. Doch der Termin der Saisoneröffnung, der 15. Mai, war nicht mehr einzuhalten. Joseph fehlte eben nicht nur Jeans Beredsamkeit, sondern auch sein Organisationstalent. Am 17. Mai schrieb er:

„Lieber Jean. Ich bin trostlos. Keine Aussicht auf Anfang. Wenn dieser Brief in Deine Hände gelangt, hat die Katastrophe den höchsten Gipfel erreicht."

Aber mit einer Woche Verspätung konnten die Konzerte im Etablissement „Schweizerthal" dann doch beginnen. *„Mein erstes Auftreten war günstig"*, meldete Pepi seiner Frau. Das Unternehmen schien zu konsolidieren. Aber am 1. Juni stürzte Joseph Strauß am Dirigentenpult zusammen und mußte bewußtlos in seine Wohnung getragen werden. Die Ärzte konstatierten einen Gehirnschlag.

Die sofort verständigte Lina reiste am 5. Juni nach Warschau. Helfen konnte sie ihrem Mann freilich nur wenig: er war teilweise gelähmt und häufig bewußtlos. Die Sorgen der Familie galten nun in hohem Maß dem Geschäft. In aller Eile wurde Musikdirektor Carlberg, obwohl er mit seiner „Symphoniekapelle" kläglich gescheitert war, nach Polen in Marsch gesetzt. Er sollte die Kranken „einstweilen" vertreten. Doch am 15. Juli setzte ein weiterer Anfall allen Hoffnungen auf Josephs Genesung ein Ende. Gleich darauf verbreitete sich nicht nur in Wien, sondern in ganz Europa das Gerücht, Pepi sei von betrunkenen Russen zusammengeschlagen worden. Vergebens widersprach die Familie; auch die offiziellen Dementi wurden nicht geglaubt.

Endlich reisten am 27. Juni Jetty und Jean zu dem Kranken. Doch der nervöse Jean geriet schon auf der Fahrt in solche Erregung, daß Jetty in Warschau zunächst für ihn Hilfe brauchte! Nach seiner Rückkehr nach Wien bezeichnete Jean die Krankheit seines Bruders als *„typhöses Kopfleiden, das dieser sich durch übermäßige Anstrengung zugezogen habe."*

Am 17. Juli gelang es, Pepi nach Wien zu bringen. Er war wohl zeitweise bei klarem Bewußtsein, aber es gab für ihn auch in der Heimat keine Hilfe mehr. Joseph Strauß starb am 22. Juli 1870, nachmittags halb zwei Uhr, „im 43. Jahr seines Alters". Als Todesursache wird die Berstung eines Neugebildes (Tumors) im Gehirn vermutet. Eine genaue Diagnose konnte nicht erstellt werden, weil sich Caroline einer Öffnung des Kopfes strikt widersetzte.

Pepi hatte sich der Familie zur Verfügung gestellt, weil sie ihn brauchte. So wurde es sein Schicksal, Teil dieser Familie zu sein und schließlich einbezogen zu werden in den oberflächlichen, trivialen Begriff: „Heut spielt der Strauß!" Aber er war ein eigenständiger Charakter, ein Genie von besonderem Rang. Johann hatte recht: für jeden Musiker ist Joseph der interessantere Strauß. Auch wenn „der Schani", der „Walzerkönig", stets populärer war.

Mutter Anna Strauß im Jahre 1869

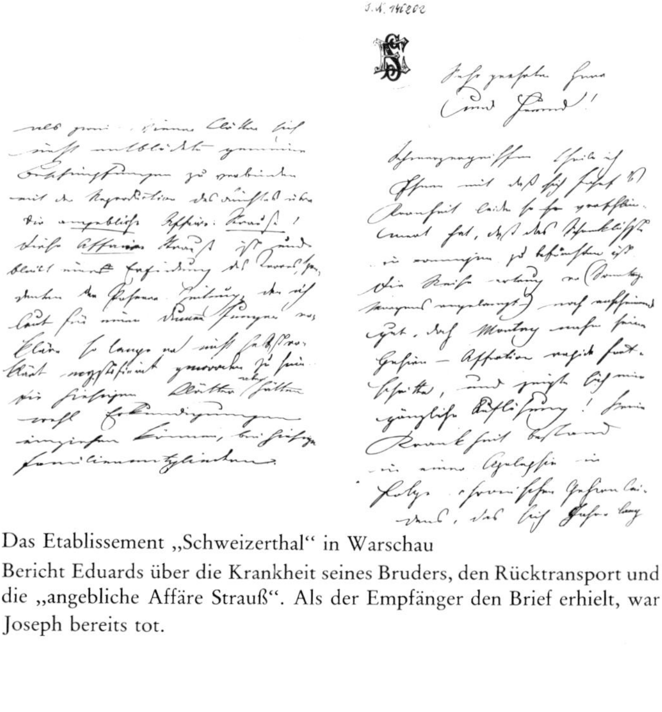

Das Etablissement „Schweizerthal“ in Warschau

Bericht Eduards über die Krankheit seines Bruders, den Rücktransport und die „angebliche Affäre Strauß“. Als der Empfänger den Brief erhielt, war Joseph bereits tot.

Karoline vor dem Bild des Vaters

Strauß-Konzerte im Musikverein:
Eduard I. (oben) setzte die von ihm und Joseph im Jahre 1870 begründeten Konzerte bis 1901 fort. – Eduard II., sein Enkel (unten), dirigierte am 4. März 1954 das Festkonzert zum 150. Geburtstag Strauß-Vaters.

XI

EXTEMPORE

J. Strauss: op. 25 Kadi-Qua.

Strauss-Reiterer: Cake-Walk.

Über Nachruhm und Nachlaß des „Musikdirektors und Compositeurs“ Joseph Strauß ist einiges anzumerken. Schon am Tag nach seinem Hinscheiden (im Protokoll ist „Blutzersetzung“ als Todesart angegeben) wußten es plötzlich alle, daß Pepi sich hätte schonen sollen. Im „Neuen Wiener Tagblatt“, im „Wanderer“, in der „Presse“, im „Fremdenblatt“ und in der „Morgenpost“ wurde festgestellt, Joseph sei schon seit früher Jugend krank gewesen, man müsse ihn als Opfer seines Berufes ansehen.

„*Jeder, der ihn kannte*“, fügte die „Morgenpost“ hinzu, „*muß ihm eine Thräne nachweinen: er war ein Künstler, aber auch ein Mann von Ehre und Geist*“. Das „Neue Wiener Tagblatt“ veröffentlichte ein Feuilleton, in dem es u. a. hieß: „*Joseph – mit Deinem eigenthümlich gewinnenden Doppelwesen, so verwogen ‚fesch‘, so wienerisch übermüthig, wenn Du selbst in geselligem Kreise lustig warst mit den Lustigen, und so künstlerhaft träumerisch, wenn Du in dem Kreise Deiner Töne standest, nur Andere mit Deinem scheinbar so ruhigen Stabe zur Lustigkeit anspornend.*“

Schließlich kam auch die „Morgenpost" noch einmal auf Josephs Schicksal zurück und schrieb:

„Ein guter Geist des lustigen Wienertums ist dahingeschieden. Es wird uns allen etwas fehlen, wenn wir das schöne, kluge, kokett bleiche Antlitz nicht mehr sehen werden. Todt! Und er ist gestorben, bevor er die Lieblingsidee seines Lebens ausführte: die Komposition einer großen Oper."

Auch die Angehörigen glaubten, in Josephs Nachlaß werde sich ein musikalisches Bühnenwerk vorfinden. Die Tochter des Verstorbenen, Karoline, verehelichte Aigner, behauptete noch nach dem Jahre 1910 in einigen Niederschriften, beim Tod ihres Vaters müßten mehrere Notenpakete vorhanden gewesen sein, darunter eine ihrer Mutter mit dem ausdrücklichen Wunsch übergebene Theaterkomposition, dieses Werk „im Notfalle" zu verwerten! Lina sprach in diesem Zusammenhang allerdings von einer Operette!

Eduard Strauß hat dieser Darstellung wiederholt, auch in seinen „Erinnerungen" widersprochen. Außer Streit stand dabei allerdings, daß die Hinterlassenschaft Josephs zunächst einmal von Johann Strauß eingefordert worden war. Sie war von Jean so lange verwahrt worden, bis er nach Jettys plötzlichem Tod im April 1878 das Palais in Hietzing in aller Eile räumen ließ. Dann erst habe Eduard – so hat er es zumindest stets dargestellt – den Nachlaß überantwortet erhalten. Es sei aber nur noch ein Konvolut bereits im Druck erschienener Kompositionen vorhanden gewesen. Als Eduard seinen Bruder fragte, ob denn das alles sei – denn er wußte sehr wohl noch von verschiedenen Melodien des Verstorbenen, die sich *„zu einer Oper eignen mochten"*, ferner von Chorwerken, z. B. „An die Nacht", und von „Wagnerklängen" – da habe Jean geantwortet, an ein anderes Paket könne *er* sich nicht erinnern . . .

Seitdem ist immer wieder in Zeitungsartikeln und selbst in manchen Büchern behauptet worden, Johann Strauß habe in einigen seiner Operetten – zum Beispiel in der „Fledermaus“ – Melodien und Motive verwendet, die aus dem Nachlaß Josephs stammten. Ein Beweis dafür ist allerdings nie erbracht worden. Wohl aber steht fest, daß Pepi bei Lebzeiten gar nichts dabei fand, gelegentlich für den Bruder auch als Komponist einzuspringen.

Eine Reihe interessanter Werke seines Bruders, die sich im Archiv der Straußkapelle befanden, und so gut wie alle Potpourris und Arrangements, die Pepi in angestrengtester Arbeit geschaffen hatte (mehr als 500 „Piecen“, darunter die „Tristan“- und „Meistersinger“-Bearbeitungen!), hat allerdings Eduard selbst vernichtet. Wie das vor sich ging, ist einem Bericht zu entnehmen, den ein Ofenfabrikant später im „Neuen Wiener Journal“ veröffentlichte:

„Das Archiv des Herrn Hofballmusikdirektors Eduard Strauß ging in meiner Fabrik in Flammen auf. Am 22. Oktober 1907 kam zunächst eine Ladung von vielen schweren Notenpaketen auf einem Streifenwagen. Nachmittags vor 2 Uhr erschien Eduard Strauß mit seinem Leibdiener bei mir im Büro. Ich redete ihm zu, die Sache noch rückgängig zu machen. Strauß starrte eine Weile vor sich hin, dann rief er: Ich kann nicht! Wir gingen also in die Fabrik, wo sich zwei große Öfen zum Brennen der Kacheln und Tonwaren befinden. Eduard setzte sich in einem Fauteuil vor den einen der Öfen, mein Arbeiter öffnete die Pakete und verstreute die Notenblätter vor den Augen des Hofballmusikdirektors in den auflodernden Flammen des mannshohen Ofenraumes. Bei einzelnen Notenpaketen, die besondere Familienerinnerungen enthielten, war Strauß sichtlich bewegt. Er stand auf, blickte weg oder ging für kurze Zeit ins

Büro zurück. Er verließ aber die Fabrik erst, nachdem das letzte Notenblatt verbrannt war. Von dem Umfang des Archivs hat man vielleicht eine Vorstellung, wenn ich mitteile, daß das Verbrennen der Musikalien – auch Originalhandschriften und ungedruckte Werke waren darunter – von zwei Uhr nachmittags bis sieben Uhr abends dauerte."

Diesem Bericht ist nur hinzuzufügen, daß in einem Verzeichnis des Strauß-Archivs, das Eduard selbst nach seinem Rücktritt von der Leitung der Kapelle im Jahre 1901 hatte drucken lassen, z. B. die interessanten Konzertwalzer seines Bruders „Ideale" bzw. „Klänge aus der Ober- und Unterwelt" noch enthalten waren. Und es ist wohl damals auch die Romanze „An die Hoffnung" verbrannt, die im Gedächtniskonzert für Joseph Strauß im Herbst 1870 im Musikverein gespielt wurde und von der Johann Strauß noch im Alter mit höchster Anerkennung sprach.

Das Abenteuer der Warschauer Konzerte des Jahres 1870 wurde zu einem Debakel. Josephs Schwester Netti, die nach Warschau entsandt worden war, um die todkranke Pepi-Tante abzulösen (Josephine Waber, geborene Streim starb am 21. November 1870), mußte immer wieder Zuschüsse aus Wien anfordern, um die Kosten bestreiten zu können. Erst als man – viel zu spät – den routinierten Kapellmeister Philipp Fahrbach nach Polen sandte, stellte sich zuletzt doch noch ein gewisser Erfolg ein.

Auf Grund des Gesellschaftsvertrages aus dem Jahre 1869 sorgte in der Folge Eduard für die Witwe seines Bruders. Er war dabei korrekt, aber keineswegs großzügig. Caroline Strauß starb am 22. November 1900 in Hainfeld, Niederösterreich, in bescheidensten Verhältnissen.

In den Jahren nach Josephs Tod ging die Bedeutung der Strauß-Kapelle für das breite Wiener Leben immer mehr zurück. Das war freilich nicht Edis Schuld: er hat sowohl sein Ehrenamt als Hofball-Musikdirektor als auch seine Position an der Spitze des Orchesters noch dreißig Jahre lang in Ehren behauptet. Aber die Gesellschaft der Donaustadt hatte sich gewandelt – die Ablösung der „Bürgerbälle" durch die Feste der „Industriellen Gesellschaften", war nur ein Anzeichen dafür unter vielen. Im weiten Feld der Gartenkonzerte und „Conversationen", bald auch in den Ballsälen, traten die Militärmusikkapellen ihre souveräne Herrschaft an; neben ihnen entwickelten sich ein vielschichtiges Volkssängertum und schließlich die für Wien typische, einzigartige Sphäre der „Schrammeln".

So wurde die Strauß-Kapelle mit ihren anspruchsvollen Programmen, in denen die wienerische Tanzmusik stets mit der Opernkunst und der symphonischen Musik Kontakt hielt und selbst Orgelimprovisationen Anton Bruckners nicht deplaciert wirkten, allmählich auf die Sonntagskonzerte im Musikverein eingeengt. Der „schöne Edi" unternahm von 1878 an alljährlich weite Kunstreisen, nicht zuletzt, um zu überleben.

Josephs Name wurde allmählich vergessen, seine Werke firmierten einfach unter „Strauß". Erst nach Jeans Tod und nach dem überraschenden Erfolg der aus dessen Tanzweisen zusammengestellten Operette „Wiener Blut" erinnerte man sich wieder an Josephs Kompositionen. Ernst Reiterer verwertete sie in der Operette „Frühlingsluft". Und weil dieses Werk Erfolg hatte, wurde das Rezept: „Man nehme einen Walzer und mache daraus ein Lied, man nehme eine Polka für ein Duett und eine Quadrille z. B. für einen Cakewalk!" noch einige Male angewendet.

Mit Joseph Strauß hatte das nichts zu tun . . .

STRAUSS-ETABLISSEMENTS (AUSWAHL)

BIERHALLE, XV., Mariahilferstraße (BH): Lanner (Sohn) debutierte 1853. Joseph spielte bis 1856 bei einigen Festen.

BLUMENSÄLE DER GARTENBAUGESELLSCHAFT, I., Parkring (GB). Als Konzert- und Tanzsaal ab 26. 12. 1864. Joseph spielte Eröffnung, Oktober 1867 bis März 1869, sonst einzelne Bälle.

DIANABADSAAL, II., Ob. Donaustr. (DS): Als Konzert- und Tanzsaal ab 12. 11. 1860. Joseph spielte bis 1862 (Debut Eduard), 1863 debutierte Ziehrer. Sonst einzelne Bälle (Liedertafel des Wr. Männergesangvereins mit „Donauwalzer" 1867)

DOMMAYERS CASINO, XIII., Hietzinger Hauptstraße (Dom): seit 1787, Debut Johanns 1844, Joseph: Konzerte und Feste bis 1870.

MUSIKVEREIN, I., Karlsplatz (MV): seit 1870 Strauß-Konzerte.

NEUE WELT, Hietzing (NW): Strauß-Konzerte ab Eröffnung 1861.

PAWLOWSK bei St. Petersburg (30 km) (Paw): Bahnhof (Vauxhall) als Konzert und Tanzlokal ab 1838. Joseph: 1862 und 1869.

REDOUTENSAAL in der Hofburg, I., Josephsplatz (Red): Zur Veranstaltung von Konzerten und Nobelbällen freigegeben.

SCHWENDERS ETABLISSEMENT, XV., Schwenderplatz (Schw): Aus kleinsten Anfängen zur größten Vergnügungsstätte Wiens entwickelt: Colosseum ab Jänner 1865. Stets Bälle, einzelne Feste.

SOFIEN(BAD)SAAL, III., Marxergasse (SBS): 1846 als Konzert- und Tanzsaal, von Vater Strauß eröffnet. Seitdem ununterbrochen Bälle und Feste, für Joseph bis 1870, dann noch lange Eduard.

SPERL, II., Kl. Sperlgasse (Sp): Tanzsaal seit 1807, Strauß-Vater Musikdirektor ab 1829, Debut Josephs 1853, Konzerte und Bälle (mit kurzer Unterbrechung) bis 1867.

K.K. VOLKSGARTEN, I., Ringstraße (VG): 1823 eröffnet, mit Kaffeesalon (und anschl. Paradiesgarten). Konzerte und Soireen ab Eröffnung. Hier spielten Strauß-Vater, Lanner, Fahrbach, ab 1849 Johann Strauß-Sohn. Joseph mit Unterbrechung bis 1869.

UNGERS CASINO, Hernals, heute Stadtbahnstation (U), war Wiens größter Caféhausgarten (Sommerbetrieb). Hier spielten Johann Strauß-Vater, Fahrbach, Johann Strauß-Sohn. Joseph debutierte 1853 als Komponist. 1864 verkauft, verkleinert. 1895 demoliert.

WEGHUBERS CAFÉHAUS, I., Museumstraße (Weg): wurde 1861 erweitert (Gartenbetrieb); Joseph spielte bis 1862. 1865 Konkurs.

GROSSER ZEISIG, VII., Burggasse 2 (GZ): Am Rande des Spittelberges spielten Strauß-Vater, Johann und Joseph bis 1869.

(Die Abkürzungen beziehen sich aufs Werkverzeichnis)

WERKVERZEICHNIS

W = Walzer, WiL = Walzer im Ländlerstyle, L = Ländler, P = Polka, Pf = Polka francaise, PM = Polka Marzur(ka), Ps = Schnellpolka, Potp = Potpourri, Qu = Quadrille

Opus	Titel des Werkes (Widmung, Anmerkungen)	Uraufführung Datum	Ort
–	Abendläuten, Idylle (Nur in Rußland erschienen)	13. 9. 62	Paw
160	Abend-Stern, Pf („Der Künstlervereinigung ‚Hesperus‘ “)	3. 2. 64	DS
174	Actionen, W. (komponiert für den Juristenball)	31. 1. 65	SBS
76	Adamira-Polka	1. 60	
–	Allegro fantastique (ungedruckt, verschollen)	28. 8. 62	Paw
219	Allerlei, Ps („Der Journalisten- und Schriftstellervereinigung ‚Concordia‘ “)	12. 2. 67	SBS

Opus	Titel des Werkes (Widmung, Anmerkungen)	Uraufführung Datum	Ort
72	Amanda, PM	1. 60	
119	Amaranth, Pf	3. 3. 62	DS
49	Die Amazone, PM	3. 60	
118	Amazonen-Quadrille	18. 1. 62	DS
147	Amouretten, Pf	27. 6. 63	NW
–	An die Hoffnung, Romanze (ungedruckt, verschollen)	13. 9. 65	Paw
–	An die Nacht, Ode für Männerchor und Orchester (verschollen)	17. 10. 58	VG
123	Angelica, Pf	29. 5. 62	NW
268	Andrássy-Marsch (aufgeführt beim „Erinnerungsfest“)	16. 3. 69	Pest

258	Aquarellen, W („Der Künstlervereinigung ‚Hesperus‘ “)	1. 2. 69	DS

167	Arabella-Polka	2. 8. 64	NW
24	K. K. Österreichischer Armee-Marsch (. . . „Erzherzog Wilhelm“)	18. 8. 56	VG
215	Arm in Arm, PM	16. 2. 67	SBS

143	Associationen, W (Dem Verein Industrieller Gesellschaften)	21. 1. 63	Red
270	Aus der Ferne, PM	22. 6. 69	VG
14	Avantgarde-Marsch	23. 4. 56	GZ
8	Bacchanten-Quadrille	56	
30	Ball-Silhouetten, W	21. 1. 57	Sp
10	Bauern-PM	56	
94	Bellona, PM („Die Kriegsgöttin“)	2. 10. 60	VG

199	Benedek-Marsch (1866)		
58	Bivouac (= Biwak)-Quadrille	6. 7. 58	VG
206	„Blaubart“-Qu (J. Offenbach)	9. 66	
106	Blitz-Polka (Für ein Feuerwerksfest im Prater)	12. 5. 61	
55	Bon-Bon, P	6. 6. 58	U
188	Bouquet-Ps (Eröffnung der Blumensäle)	26. 12. 64	GB
129	Brennende Liebe, PM	9. 11. 62	Sp
252	Buchstaben, Pf	10. 7. 68	VG

–	Bundes-Armee-Marsch (bei einem Fest am Wasserglacis, identisch mit op. 24?)	7. 6. 57	
145	Cabriole-Ps	3. 8. 63	NW
–	Cap(p)rice für Klavier (Autograph, ungedruckt)		
65	Caprice-Quadrille	59	
–	Caroussel-Quadrille (ungedruckt, verschollen)	6. 10. 60	U
200	Carriere-Ps	22. 6. 66	VG
180	Causerie-Polka	5. 2. 65	Sp
42	La Chevaleresque, PM	57	
156	Die Clienten, W	2. 2. 54	SBS
175	Colosseum-Quadrille (Zur Eröffnung des ‚Colosseums' im Etablissement Schwender)	8. 1. 65	Schw
176	Combinationen, W („Den Hörern der Technik")	14. 2. 65	DS
–	Concertmarsch (ungedruckt, verschollen)	11. 9. 53	U
257	Concordia! Pf („Der . . . Vereinigung, ‚Concordia' ")	26. 1. 69	SBS

260	Consortien, W („Den Industriellen Gesellschaften")	31. 1. 69	Red
224	„Crispino"-Qua (Ricci)	17. 5. 67	VG
37	Csikós-Quadrille	57	
81	Cupido, Pf	2. 60	
84	Cyclopen-Polka	20. 2. 60	SBS
97	Débardeurs-Quadrille	26. 1. 61	DS
53	Defilir-Marsch	6. 6. 58	U
212	Delirien, W („Den Hörern der Medizin")	22. 1. 67	SBS

191 Deutsche Grüße, W — 28. 1. 66 Red
(Pauline Fürstin Metternich-Winneburg)

146 Deutscher Union-Marsch — 17. 8. 63 VG
149 Deutsche Sympathien, W — 17. 8. 63 VG
(Beide: „Schlacht bei Leipzig-Fest“ anl. d. Fürstentages in Frankfurt/Main)
95 Diana-Pf — 12. 11. 60 DS
(Eröffnung des Dianabadsaales)
32 Dioscuren-Quadrille — 16. 2. 57 SBS
243 Disputationen, W — 18. 2. 68 Red
(Den Herren Studierenden in Wien)
236 Dithyrambe, PM — 13. 2. 68 GB
Dithyrambe (Fassung für Männerchor) — 22. 6. 68 NW
164 Dorfschwalben aus Österreich, W — 6. 9. 64 VG
(„Dem Verfasser der gleichnamigen Novellen, Dr. August Silberstein“)

107 Dornbacher Rendez-vous-Polka — 17. 6. 61
(Eröffnung des gleichnamigen Restaurants)
173 Dynamiden (Geheime Anziehungskräfte), W — 30. 1. 65 Red
(„Den Industriellen Gesellschaften“)
– Ebbe und Fluth, Phantasiestücke
(ungedruckt, verschollen)
148 Edelweiß, PM — 3. 10. 63 Sp
247 Eile mit Weile, Ps — 19. 6. 68 VG
240 Eingesendet! Ps — 4. 2. 68 SBS
(„Der Vereinigung Concordia“)

171 Einzugs-Marsch 6. 12. 64 VG
(Rückkehr der österr. Truppen aus Schleswig-Holstein)

261 Eislauf, Ps 2. 69

74 Elfen-Polka 25. 7. 59 U

282 Die Emanzipierte, PM 17. 2. 70 GB

273 En passant, Pf 5. 10. 69 Paw

254 Ernst und Humor, W 11. 10. 68 GB

12 Die Ersten nach den Letzten, W 7. 54 U

1 Die Ersten und Letzten, W 28. 8. 53 U

86 Erzherzog Carlmarsch 25. 5. 60 VG
(anl. der Enthüllung des Erzherzog-Carl-Monuments auf dem Heldenplatz)

208 Etiquette-Pf 18. 11. 66 VG

82 Euterpe, PM 2. 60 VG

194 Expensnoten, W (= Expensen) 23. 1. 66 SBS
(„Den Hörern der Rechte“)

241 Extempore, Pf 16. 2. 68 DS
(„Der Künstlervereinigung ‚Hesperus‘ “)

– Fantasie für Orchester 24. 3. 61 GZ
(nur Klavierfassung erhalten)

151 Fantasiebilder, W 11. 1. 64 SBS
(Den Hörern der Medizin)

211 Farewell, Ps 31. 12. 66 DS
(Abschied auf das Jahr 1866)

165 Fashion, Pf 26. 6. 64 VG

112 „Faust“-Qu. (Ch. Gounod) 15. 8. 61 NW

133 Auf Ferienreisen, Ps 11. 2. 63 Red
(„Hofrat Dr. Oppolzer“)

142 Fest-Marsch (zur Eröffnung der N.Ö.-Landwirtschafts-Ausstellung) 5. 9. 63 NW

269 Feuerfest! Pf 13. 3. 69 GB
(„Der Firma Wertheim zur Vollendung der 20.000. Casse")

83 Figaro-Pf 60

101 Flammen, W 2. 61

62 Flattergeister, W 30. 8. 58 U

187 Flick und Flock-Qu. (Hertel) 8. 10. 65 VG

5 Flinserln, W 27. 8. 55 U

54 Flora, PM 22. 6. 58 VG

230 Im Fluge, PS 24. 7. 67 VG

115 Folichon-Qu, nach beliebten Motiven 14. 1. 62 DS

193 For ever! Ps 29. 1. 66 SBS

103 Fortunio-Magellone-Daphnis-Qu (nach Motiven J. Offenbachs) 14. 5. 61 GZ

– La forza del Destino, Potp (Verdi) (ungedruckt, verschollen) 7. 5. 65 VG

– La Francaise, P (ungedruckt, verschollen) 2. 7. 54 U

47 Frauenblätter, W 2. 58

166 Frauenherz, PM 6. 9. 64 VG

277 Frauenwürde, W 30. 1. 70 Red
(„Dem Comiteé des Juristenballes")

253	Freigeister, Ps	15. 9. 68	VG
128	Freudengrüße, W	9. 11. 62	Sp

207	Friedenspalmen, W	8. 66	VG
177	Frisch auf! PM	9. 2. 65	SBS
272	Frohes Leben, W	6. 9. 69	Paw
264	Frohsinn, Pf	27. 1. 69	GB
44	Fünf Kleebladl'n, WiL	31. 8. 57	U

159	Gablenz-Marsch („Zu Ehren des tapferen Feldherrn")	28. 3. 64	VG
251	Die Galante, P	18. 7. 68	GB
237	Gallopin-Ps	13. 2. 68	GB
155	Die Gazelle, PM	14. 2. 64	VG
178	Gedenkblätter, W (= Memento) (aufgeführt am Studentenball)	20. 2. 65	Red
38	Gedenke mein! P	7. 5. 57	U
173	Geheime Anziehungskräfte, W (= Dynamiden)		
205	Genien-Pf	9. 66	
246	„Genofeva"-Qu (J. Offenbach)	15. 5. 68	VG
168	„Les Georgiennes"-Qu (J. Offenbach)	9. 10. 64	DS
124	Glückskinder, W	17. 6. 62	Weg
217	Gnomen-Pf	1. 67	
223	„Großherzogin von Geroldstein"-Qu (J. Offenbach)	7. 6. 67	VG
–	Grande Galoppe du Concert (Klavier)		
–	Grande Marche du Concert (Klavier) (Autographe erhalten)	49	
90	Gruß an München, Pf (Augartenfest anl. Betriebsaufnahme Westbahn Wien–München.)	15. 8. 60	
132	Günstige Prognosen, W („Den Hörern der Medizin")	20. 1. 63	SBS
78	Gurli-Polka	29. 8. 59	U
26	Die guten alten Zeiten, W	4. 8. 56	Sp

48 Harlekin-Polka 1. 58
189 Heilmethoden, W 16. 1. 66 SBS
(„Den Hörern der Medizin“)
281 Heiterer Muth, Pf 9. 2. 70 GB

87 Heldengedichte, W 24. 5. 60 VG
(anl. der Enthüllung des Erzherzog-Carl-Monuments auf dem Heldenplatz)
197 Helenen-Walzer 16. 1. 66
(„Freifrau von Sina“)

232 Herbstrosen, W 13. 10. 67 GB
157 Herold-Quadrille 25. 1. 64 SBS
31 Herzbleamerln, PM im Ländlerstyle 2. 57

172 Herztöne, W 17. 1. 65 SBS

279 Hesperusbahnen, W 4. 4. 70 MV
(„Der Künstlervereinigung ‚Hesperus‘ “)
116 Hesperus-Ball-Tänze, W 26. 2. 62 DS
(„Der Künstlervereinigung ‚Hesperus‘ “)
220 Hesperus-Ländler 27. 1. 67 GB
(auch: „In Bauernkleidern“ bzw. „In Hemdsärmeln“) (anläßlich des Bauernabends der Künstlervereinigung „Hesperus“ aufgeführt und derselben gewidmet)
– Hinter den Coulissen, Qu 28. 2. 59 SBS
(gemeinsam mit Johann Strauß)

242 Hochzeitsklänge, W 1. 3. 68 GB
(„Dem König von Hannover“)

255 Huldigungslieder, W 4. 4. 69 GB
(Zum Geburtsfest des Königs von Portugal)

– Österreichischer Huldigungsmarsch 15. 3. 57 VG
(Zur glücklichen Rückkehr des Kaiserpaares aus Italien) (ungedruckt, verschollen)

– Hyazinth-Polka 19. 3. 62 Schw

– Ideale, Concertwalzer 15. 6. 58 VG
(beide ungedruckt, verschollen)

163 Idylle, PM 15. 7. 64 VG

88 Immergrün, PM 19. 6. 60 VG

– Impromptu (Andante) für Klavier
(ungedruckt)

231 In der Heimath, PM 29. 9. 67 NW

158 Die Industriellen, W 19. 1. 64 Red
(Für den Ball der Ind. Gesellschaften)

113 Irenen-Pf 23. 8. 61 NW

– Iris, PM 2. 61
(ungedruckt, verschollen)

– Irrlichter, W 7. 6. 58
(identisch mit op. 218 von Johann Strauß?)

– Japanesischer Marsch 13. 9. 62 Paw
(Nur in Rußland erschienen)

278 Jo[c]key, Ps 17. 2. 70 GB

216 Jocus, Ps 18. 2 67 DS
(„Der Künstlervereinigung ‚Hesperus‘ “)

23	Joujou, P	16. 7. 56	
27	Jucker-Polka	25. 8. 56	U
–	Jupiter und Pluto (Musikalische Posse in 30 Szenen für 2 Orchester. Gemeinsam mit Johann Strauß, teilweise erhalten)	29. 12. 61	
25	„Kadi"-Quadrille (A. Thomas)	16. 9. 56	VG
276	„Kakadu"-(„Vert-Vert") Qu (Offenbach)	3. 70	
–	Klänge aus der Ober- und Unterwelt, Concertwalzer (verschollen)	28. 8. 60	VG
70	Die Kokette, Pf	5. 59	
100	Die Kosende, PM	17. 2. 61	VG
59	Österreichischer Kronprinzen-Marsch (Dem Offizierscorps des k. k. Linien-InR. Nr. 19, „Kronprinz Rudolph") (anl. der Geburt des Thronfolgers)	31. 8. 58	VG
226	Krönungslieder, W (siehe: Ung. Krönungsmarsch)	21. 6. 67	VG
135	Künstler-Caprice, Pf („Der Künstlervereinigung ‚Hesperus' ")	24. 1. 63	DS
274	Künstler-Gruß, Pf („Der Gesellschaft der Musikfreunde zum Eröffnungsball")	15. 1. 70	MV
–	Küsse mich, P. M. (Als op. 122 im Verlag Büttner, St. Petersburg)		
117	Die Lachtaube, PM	23. 1. 62	SBS
64	Lanciers-Quadrille	17. 10. 58	VG
60	Laxenburg-Polka	30. 8. 58	U
154	Lebensgeister, Pf (Fürstin Eleonore von und zu Schwarzenberg)	31. 1. 64	Red
263	Mein Lebenslauf ist Lieb und Lust, W (Den Herren Studierenden in Wien)	7. 2. 69	Red.

204 Die Libelle, PM 21. 10. 66 VG

56 Liebesgrüße, W 1. 6. 58 VG

– Liebe und Leben, W 23. 10. 59 U
(ungedruckt, verschollen)

122 Lieb und Wein, PM 17. 6. 62 Weg

36 Liechtenstein-Marsch 17. 5. 57 U

– Lieder: 49
1. Elegie (Jos. Strauß)
2. Meineid (Jos. Strauß)
3. Der Totengräber (Jos. Strauß)
4. Nachtgebet (J. N. Vogl)
(Autograph)

– Lieder (einzeln):
„Der Bettler“ (Otto Prechtler)
(Autograph)
„Wenn ein Kindlein“ (Aug. Silberstein)
(Österr. Volkskalender 1866)

233 Lock-Polka 5. 1. 68 VG

19 Lust-Lager, P 2. 6. 56 BH

91 Lustschwärmer, W 3. 7. 60 VG

17	Maiblümchen, PM	27. 4. 56	U
182	Mailust, Pf	25. 5. 65	NW
34	Mairosen, W	12. 5. 57	VG
–	Manövrir-Marsch	28. 7. 56	BH
244	Margherita, P	13. 6. 68	VG
	(Zur Vermählungsfeier des Prinzen Humbert mit der Prinzessin Margherita)		
214	Marien-Klänge, W	10. 2. 67	Red
	(Fürstin Marie von Kinsky, geb. Fürstin von Liechtenstein)		

202	Die Marketenderin, Pf	22. 6. 66	VG
–	Marketenderin vom Wienerwald, PM	25. 5. 59	GZ
	(ungedruckt, verschollen)		
102	Maskengeheimnisse, W	1. 61	
33	Masken-Polka	57	
52	Matrosen-Polka	11. 5. 58	VG
	(Für Erzherzog Maximilian)		
–	Melancholie (für Klavier) (ungedruckt)		
178	Memento (siehe: „Gedenkblätter“)		
89	Mignon-Pf	3. 7. 60	VG
4	Mille fleurs-Polka	27. 8. 55	U
67	Minerva, PM	2. 59	
–	Monstre-Galoppade	5. 2. 61	SBS
	(Schluß von Johann und Joseph Strauß)		
–	Monstre-Quadrille	13. 2. 60	SBS
	(gemeinsam mit Johann Strauß)		
57	Moulinet-Polka („Die Mühle“)	26. 7. 58	U

131	Musen-Klänge, W (Den Patronessen des Studentenballes)	11. 2. 63	Red
46	Musen-Quadrille	2. 2. 58	Sp
–	Musikalisches Feuilleton, Potp (ungedruckt, verschollen)	9. 11. 62	Sp
–	Musikalisches Panorama, Potp (ungedruckt, verschollen)	17. 6. 56	VG
–	Das musikalische Österreich, Potp	13. 5. 62	VG
229	Nachtschatten, PM	5. 7. 67	VG

77	Die Naive, Pf	15. 6. 59	VG
267	Die Naßwalderin, L (im Tempo der PM) (Dem Verein „Die Naßwalder“)	27. 2. 69	GZ

262	Neckerei, PM	8. 2. 69	GB
126	Neue-Welt-Bürger, W	27. 7. 62	NW
–	Neue-Welt-Polka (ungedruckt, verschollen)	24. 7. 61	NW
275	Nilfluthen, W (Dem Verein „Concordia“. Ballthema: Eröffnung des Suez-Kanals)	25. 1. 70	SBS

–	Nocturne (verschollen)	4. 9. 62	Paw
139	Normen, W (Den Hörern der Rechte)	27. 1. 63	SBS
50	Nymphen-Polka	1. 58	

271 Ohne Sorgen! Ps 22. 9. 69 Paw

45 Parade-Quadrille 18. 8. 57 VG

209 Pariser-Quadrille 1. 67 DS
(aus Liedern der Dem. Teresa)

– Passiflora, PM 4. 8. 57 VG
(ungedruckt, verschollen)

134 Patti-Polka („Lach-Polka“) 15. 3. 63 VG
(„Adelina Patti“)

190 Pauline, PM 28. 1. 66 SBS
(„Pauline Fürstin Metternich“)

1.

2.

– Peine du coeur („Liebesgram“) 27. 8. 62 Paw
(Fantasie, nur in Rußland erschienen)

161 Pêle-Mêle, Ps 13. 5. 64 VG

35 Une Pensée, PM 26. 5. 57 VG

256 Périchole-Qu (J. Offenbach) 1. 69

39 Perlen der Liebe, Concert-Walzer 30. 6. 57 VG

153 Petitionen, W 18. 1. 64 SBS
(Den Hörern der Rechte)

– Pizzicato-Polka 24. 6. 69 Paw
(Gemeinsam mit Johann Strauß)

105 Phönix-Marsch 20. 5. 61 NW
(Eröffnung des Vergnügungsparks „Neue Welt“ in Hietzing)

245 Plappermäulchen, Ps (Mus. Scherz) 26. 4. 68 NW
(= „Die Plaudertasche“, in der Kapelle auch „Böse Zungen“ genannt)

21 Policinello-Quadrille 7. 56

186 Prinz-Eugen-Marsch 8. 10. 65 VG
(mit Benützung von Volksmelodien) (anl. der Enthüllung des Prinz-Eugen-Monuments auf dem Heldenplatz)

9 Punsch-Polka 1. 7. 55 U

— Rataplan-Quadrille 17. 1. 63 SBS
(ungedruckt, verschollen)

11 Rendez-vous-Quadrille 2. 56

— Revue-Quadrille 7. 5. 54 U
(ungedruckt, verschollen)

— Rhapsodie Nr. I bis Nr. 4, für Klavier
(ungedruckt)

152 Die Rudolfsheimer, Ps 12. 1. 64 Schw

283 Rudolphsklänge, W 23. 2. 70 Red
(Dem Comite des Studentenballes. Protektor: Kronprinz Rudolph)

69 Saus- und Braus-Polka 19. 1. 59 Schw

98 Schabernack, Ps 2. 61

196 „Schäfer“ (= „Les Bergers“)-Qua 4. 3. 66 VG
(J. Offenbach)

179	Schlaraffen-Polka	27. 2. 65	Sp
–	Schlittschuhläufer-Tanz (ungedruckt, verschollen)	27. 2. 62	DS
20	Schottischer Tanz	22. 7. 56	VG
250	Schützen-Marsch	10. 7. 68	VG
–	Schützen-Quadrille (gemeinsam mit Johann und Eduard Strauß für das Schützenfest 1868)		
203	Schwalbenpost, Ps	29. 7. 66	VG
144	Die Schwätzerin, PM	7. 6. 63	VG
210	Schwarzenberg-Monument-Marsch (anl. der Enthüllung des Monuments auf dem Schwarzenberg-Platz)	20. 10. 66	VG
110	Die Schwebende, PM	21. 9. 61	Sp
71	Schwert und Leyer, W	16. 8. 59	VG

22	Sehnsucht, PM	22. 7. 56	VG

125	Seraphinen-Pf	21. 7. 72	NW
–	Serenade (= Ständchen?) (Nur in Rußland erschienen)	9. 62	Paw
40	La Simplicité, Pf	26. 7. 57	U
248	Die Sirene, PM	19. 6. 68	VG
68	Soll und Haben, W (Handels-Elite-Ball-Tänze)	19. 1. 59	SBS
111	Die Sonderlinge, W	23. 8. 61	Weg
137	Sofien-Qu (nach beliebten Motiven) (Zur Namensfeier der Erzherzogin Sofie)		
109	Die Soubrette, Ps	15. 8. 61	NW
140	Souvenir-Polka (nach beliebten Motiven)	4. 7. 63	Sp
–	Souvenir à Patti, Potp. (ungedruckt, verschollen)	10. 12. 65	VG

235 Sphärenklänge, W — 21. 1. 68 — SBS
(„Den Hörern der Medizin“)

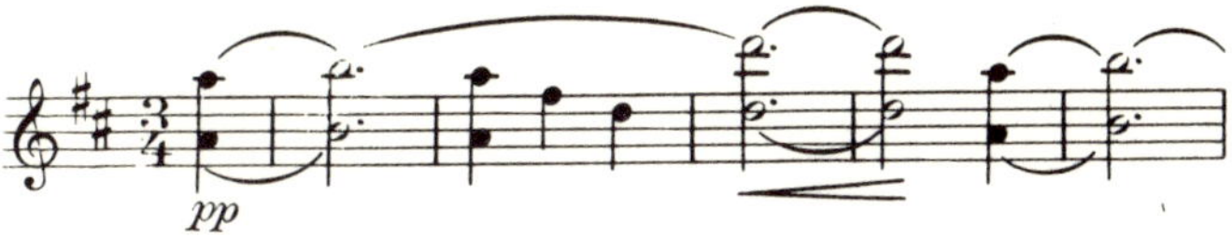

192 Die Spinnerin, Pf — 18. 2. 66 — VG
170 Sport-Polka — 9. 10. 64 — DS
181 Springinsfeld, Ps — 30. 5. 65 — VG
– Ständchen Nr. 1 (Orchester) — 18. 4. 61

43 Steeple ch(e)ase, P — 31. 8. 57 — U
80 Stegreif-Quadrille — 15. 7. 59 — VG
96 Sternschnuppen, W — 27. 8. 60 — U
183 Stiefmütterchen, PM — 5. 7. 65 — VG

– Stimmen aus der Zeit, W — 15. 3. 59 — VG
(ungedruckt, verschollen)
– Strauß und Lanner, Potp. — 1. 1. 65 — VG
(ungedruckt)
141 Streich-Magnete, W — 9. 2. 63 — SBS
(Den Hörern der Technik)
222 Studententräume, W — 25. 2. 67 — Red
(Zum 1. Male bei dem Studentenball in den k. k. Redoutensälen aufgeführt)
136 Sturmlauf, (Turner-) Ps — 4. 2. 63 — DS
(Dem Wiener Turnverein)
75 Sturm-Polka — 8. 59 — U
3 Sturm-Quadrille — 19. 8. 55

28	Sylphide, Pf	8. 11. 56	Sp
–	Sylvesterlieder, Potp. (ungedruckt, verschollen)	31. 12. 65	DS
73	Sympathie, PM	30. 10. 59	VG
93	Tag und Nacht, P	30. 7. 60	Sp

234	Tanzadresse an die Preisgekrönten, W (Dem Verein Industrieller Gesellschaften)	18. 2. 68	Red
266	Die tanzende Muse, PM	14. 2. 69	GB

227	Die Tänzerin, Pf	7. 6. 67	VG
120	Die Tanz-Interpellanten, W	25. 2. 62	SBS
280	Tanz-Prioritäten, W (Dem Verein Industrieller Gesellschaften)	6. 2. 70	Red
238	Tanz-Regulator, Pf	22. 1. 68	GB
6	Tarantel-Polka	12. 8. 55	U
195	Thalia, PM („Der Künstlervereinigung ‚Hesperus' ")	4. 2. 66	DS

213	Theater-Quadrille	12. 1. 67	DS
15	Titi-Polka	5. 56	
265	„Toto"-Qu (J. Offenbach)	2. 69	
130	Touristen-Qu (mit Benützung beliebter Volksweisen)	26. 12. 62	VG
169	Tournier-Quadrille	17. 8. 64	NW
184	Transactionen, W	2. 8. 65	VG

– Trifolien, W 13. 2. 65 DS
(gemeinsam mit Johann und Eduard Strauß, „der Künstlervereinigung ‚Hesperus‘ “)

92 Turner-Quadrille 60
(„Den Turnern“)

225 Ungarischer Krönungsmarsch 7. 6. 67 VG
(Fest anl. der Königskrönung des Kaiserpaares in Pest am 8. 6.)

– Vaterländischer Marsch 9. 5. 59 Sp
(gemeinsam mit Johann Strauß)

259 Vélocipède, Ps (= Fahrrad) 2. 69

198 Vereins-Lieder, W 6. 2. 66 Red
(Den Herren Studierenden in Wien)

2 Vergiß mein nicht, PM 12. 8. 55 U

185 Verliebte Augen, Pf 17. 7. 65 NW

29 Die Veteranen, W 18. 11. 56 Sp
(anl. des 90. Geburtstages des Feldmarschalls Radetzky)

138 Victor-Marsch 13. 5. 63 VG
(Zur Geburtstagsfeier des Erzherzogs Ludwig Victor)

228 Victoria, Pf 27. 6. 67
(Fest im Hotel Victoria, Wieden)

7 Vielliebchen, PM 55

– Vor der Schlacht, Chor 3. 8. 63 NW
(ungedruckt, verschollen)

16 Die Vorgeiger, W 23. 4. 56 GZ
(Erstes Auftreten mit der Geige)

127 Vorwärts! Ps (= En avant!) 26. 9. 62 Paw

79 Waldbleamln, L 29. 8. 59 U

63 Waldröslein, PM 24. 9. 58 VG

41 Wallonen-Marsch 21. 7. 57 VG
(anl. der Hochzeit des Erzherzogs Maximilian mit Charlotte von Belgien)

18 Wiegenlieder, W (= Schlummerlieder) 15. 7. 56 VG
(zur Geburt der Prinzessin Gisella)

– Mein schönes Wien, Albumblatt
(veröffentlicht in Berlin 1880)

108 Wiener Bonmots, W 19. 7. 61

– Wiener Colibri, W 24. 5. 58 U
(ungedruckt, verschollen)

150 Wiener Couplets, W 27. 9. 63 NW

249 Wiener Fresken, W 28. 7. 68 VG

–	Wiener-Garnison-Marsch	23. 7. 54	U
61	Wiener Kinder, W (In Pawlowsk auch „Heimathskinder“)	17. 8. 58	VG

218	Wiener Leben, Pf	18. 2. 67	Schw
13	Wiener Polka	14. 1. 56	Schw
239	Wiener Stimmen, W (Dem Comiteé des Bürgerballes)	11. 2. 68	Red

104	Aus dem Wienerwald, PM	2. 7. 61	Dom
201	Wilde Rose, PM	29. 7. 66	VG
231	Die Windsbraut, Ps	4. 2. 67	Schw
121	Winterlust, Ps	25. 1. 62	DS
66	Wintermärchen, W	6. 3. 59	VG
114	Zeisserln, WiL	26. 8. 61	U
51	Zeitbilder, W	2. 58	
162	Die Zeitgenossen, W	15. 5. 64	VG
99	Zephir, Pf	6. 2. 61	DS
85	Die Zufälligen, W	2. 60	

Die Kompositionen von Joseph Strauß sind erschienen:
op. 1 bis op. 9 und ab op. 151: Verlag C. A. Spina
op. 10 bis op. 150: Verlag Carl Haslinger, beide Wien.

„FRÜHLINGSLUFT", Operette in drei Akten n. d. Französischen von Carl Lindau und Julius Wilhelm, Musik nach Joseph Strauß-Motiven von Ernst *Reiterer*. Uraufführung: 9. 5. 1903, Venedig in Wien. – Verlag: Doblinger, Wien.
Einzelausgaben: Ouvertüre, Cake-Walk, Knickebein-Marsch, Rosenhochzeit-Walzer.
„FRAUENHERZ", Operette in drei Akten n. d. Französischen von Carl Lindau. Musik von weiland Joseph Strauß, arrangiert von Ernst *Reiterer*. Uraufführung: 29. 9. 1905. Danzers Orpheum, Wien. – Verlag: Doblinger, Wien.
Einzelausgaben: Ouvertüre, Frauenherzen-Walzer, Leben- und Genießen-Walzer, Drillewitz-Marsch, American-Quadrille, Konzertszene: Ein Rätsel ist das Frauenherz.
„DAS SCHWALBERL AUS DEM WIENERWALD", Operette in drei Akten und einem Vorspiel von Emil Berger und Louis Taufstein. Musik von Fritz *Sommer* nach Melodien von Joseph Strauß. Uraufführung: 31. 3. 1906, Raimundtheater, Wien, Verlag: Bard, Budapest.
„DAS TEUFELSMÄDEL", Burleske Operette von Josef Siegmund und Louis Taufstein. Musik von Ernst *Siebert* nach Melodien von Joseph Strauß. Uraufführung: 2. 3. 1908, Apollotheater, Wien. Verlag: Gustav Lewy, Wien.
„DIE WEISSE FAHNE", Operette in einem Akt von Fritz Grünbaum, Musik von Oscar *Stalla* nach Melodien von Joseph Strauß. Uraufführung: 17. 11. 1911, Cabaret „Die Hölle", Wien.
„FREUT EUCH DES LEBENS", Operette in drei Akten von Julius Wilhelm und Peter Herz, Musik von Johann und Joseph Strauß, für die Bühne bearbeitet von Bernhard *Grün*. Uraufführung: 22. 12. 1932, Volksoper, Wien. Verlag: Doblinger.
„WALZERTRÄUME", Singspiel in vier Bildern von Tilde Binder und Ernst Friese, Musik von Bruno *Uher* nach Melodien von Joseph Strauß. Uraufführung: 21. 6. 1942, Opernhaus Nürnberg. Wiener Erstaufführung: 30. 3. 1943, Stadttheater. Verlag: Wiener Verlanganstalt.
„DIE STRAUSSBUBEN", Singspiel in drei Akten von Hubert Marischka und Rudolf Weys. Musik von Johann und Joseph Strauß. Für die Bühne bearbeitet von Oscar *Stalla*. Uraufführung: 20. 10. 1946, Raimundtheater, Wien. Einzelausgabe: Ouvertüre. Verlag: Papageno-Musikverlag

PERSONENVERZEICHNIS

I. FAMILIE STRAUSS

II. AKTEURE

LITERATURHINWEIS

Die Sekundärliteratur über die Familie Strauß blieb bewußt außer Betracht. Als Grundlagen wurden neben Briefen, Dokumenten und zeitgenössischen Berichten nur herangezogen:

Eduard Strauß: *Erinnerungen,* Wien–Leipzig 1906

Max Schönherr/Karl Reinöhl: *Johann Strauß-Vater,* Wien 1954

Hanns Jäger-Sunstenau: *Der Walzerkönig und seine Dynastie,* Wien 1965

Alexander Weinmann: *Sämtliche Werke von Johann Strauß (V. + S.)*

Alexander Weinmann: *Sämtliche Werke von Josef und Eduard Strauß,* Wien o. J.

Friedrich Haas: *Joseph Strauß,* Fragmente einer Dissertation. (Wiener Stadtbibliothek)

Max Schönherr: Beiträge in der „Österreichischen Musikzeitschrift" (z. B. *Ästhetik des Walzers")*

John Whitten: *Johann Strauß und der Wiener Männergesangverein,* in der „Österreichischen Musikzeitschrift" Nr. 10/1975

Der Autor hat zu danken:
Prof. Dr. Max Schönherr für Beratung und Kontrolle,
Elisabeth Strauß für Beschaffung der Bilder und Illustrationen,
Hertha Brixler für Beschaffung von Strauß-Briefen und
dem hervorragenden Team der Wiener Stadtbibliothek.

BILDNACHWEIS

Die Bildvorlagen für die Abbildungen stellten zur Verfügung:

Historisches Museum der Stadt Wien: Einband, Frontispiz, S. 11, 34 (oben und unten), 56, 61, 90, 111.

Wiener Stadtbibliothek: S. 35, 53 (oben), 54.

Handschriftensammlung der Wiener Stadtbibliothek: S. 43, 71, 75.

Musiksammlung der Wiener Stadtbibliothek: S. 53 (unten), 92.

Bildarchiv der Österreichischen Nationalbibliothek: S. 55, 91 (oben), 109.

Archiv der Gesellschaft der Musikfreunde: S. 91 (unten).

Bilderdienst der Stadt Wien: S. 112 (unten).

Bildarchiv Preußischer Kulturbesitz, Berlin: S. 112 (oben).

Die Bildvorlagen für die Abbildungen auf den Seiten 21, 30, 33, 89 und 110 stammen aus Privatbesitz.

Notenstich: Emmerich Fleissner